榜样之光

——座不朽的丰碑谷文昌

福建省纪委监委
漳州市纪委监委　编

中国方正出版社

图书在版编目（CIP）数据

榜样之光：一座不朽的丰碑谷文昌/福建省纪委监委，漳州市纪委监委编．—北京：中国方正出版社，2018.11

ISBN 978－7－5174－0606－8

Ⅰ.①榜…　Ⅱ.①福…②漳…　Ⅲ.①谷文昌（1915—1981）—生平事迹　Ⅳ.①K827＝7

中国版本图书馆 CIP 数据核字（2018）第 281970 号

榜样之光

——一座不朽的丰碑谷文昌

BANGYANG ZHIGUANG：YIZUO BUXIUDE FENGBEI GUWENCHANG

福建省纪委监委　漳州市纪委监委　**编**

责任编辑：陶　莹

责任印制：李　华

出版发行：中国方正出版社

（北京市西城区广安门南街甲 2 号　邮编：100053）

编辑部：（010）59594615　发行部：（010）66560950

出版部：（010）59594625　门市部：（010）66562733

邮购部：（010）66560933

网　址：www.lianzheng.com.cn

经　　销：新华书店

印　　刷：保定市中画美凯印刷有限公司

开　　本：787 毫米×1092 毫米　1/16

印　　张：16.5

字　　数：182 千字

版　　次：2018 年 12 月第 1 版　2019 年 1 月北京第 2 次印刷

ISBN 978－7－5174－0606－8　　定价：39.00 元

编者的话

谷文昌同志是新时代“四有”干部的楷模。习近平总书记曾多次高度评价谷文昌，总书记说：“我经常提到五六十年代福建东山县县委书记谷文昌，他一心一意为老百姓办事”；“谷文昌同志的事迹同焦裕禄、杨善洲同志的事迹一样，展示了一名共产党员和领导干部的坚强党性、远大理想、博大胸怀、高尚情操”；“福建东山县的县委书记谷文昌……在老百姓心中树起了一座不朽的丰碑”；“焦裕禄、杨善洲、谷文昌等同志是县委书记的好榜样，县委书记要以他们为榜样，始终做到心中有党、心中有民、心中有责、心中有戒，努力成为党和人民信赖的好干部”。2017 年 12 月，中共中央政治局常委、中央纪委书记赵乐际到福建调研，专程到东山县谷文昌纪念馆参观，要求纪检监察干部向先进典型学习，不忘初心、牢记使命，忠诚履职、为民奉献。

谷文昌同志身上集中体现了共产党人的优秀品质。他对党忠诚，“不带私心搞革命，一心一意为人民”；他公仆情怀，“对群众有利的事，再难也要办，有损党形象的事，再小也不为”；他敢于担当，“党要求什么，群众需要什么，我们就去做什么”；他清廉公正，恪守“当领导的要先把自己的手洗净，把自己的腰杆挺直”。为党分忧、为国奉献、为民谋利，谷文昌用自己的言行，赢得了老百姓的信任和敬仰，展现了“政声人去后、丰碑在人间”的崇高魅力，被当地群众尊称为“谷公”，“先祭谷公，后拜祖宗”在东山相沿成俗。

谷文昌精神是我们党非常宝贵的精神财富。当前，在深入学习贯彻习近平新时代中国特色社会主义思想和推进全面从严治党过程中，学习和弘扬谷文昌精神，既有利于全面从严治党各项任务的落实，也有利于彰显共产党人高尚品格的时代价值。

为贯彻落实习近平总书记系列重要讲话精神，福建省纪委监委联合漳州市纪委监委以习近平新时代中国特色社会主义思想为指引，对谷文昌同志典型事迹资料重新归纳提炼，推出《榜样之光——一座不朽的丰碑谷文昌》一书。本书以对党忠诚、责任担当、一心为民、严管厚爱、克己奉公、清廉家风六个章节，全面展现谷文昌先进典型的榜样之光。全书紧扣党的十九大精神，既有通俗易懂的故事，也有关键处的提挈点睛，更具时代性、系统性、故事性、可读性，使谷文昌更具催人奋进的力量，让广大党员干部更好地深学细照笃行，以谷文昌同志为镜，坚定理想信念，提高党性修养，树立清廉品格，始终做到忠诚、干净、担当。

领航新时代、踏上新征程。学习谷文昌先进事迹，传承和发扬谷文昌精神，必将激励广大党员干部凝聚强大精神动力，为实现“两个一百年”奋斗目标和中华民族伟大复兴中国梦作出新的贡献。

编　者

目　录

一、对党忠诚是他一生的坚守 / 1

从太行赤子到区委书记 / 3

“我已下定决心，不解放江南老百姓誓不回来” / 7

“只要是中国的土地，共产党员就有责任去解放，去建设” / 10

东山保卫战关键时刻，他一直冲锋在前 / 14

“不救民于苦难，要我们这些共产党人来这里干啥” / 18

“不制服风沙，就让风沙把我埋掉” / 22

“咱是共产党员，总不能看群众挨饿啊” / 30

“任何时候都要相信共产党” / 35

“难侨一天不安置好，我就一天寝食难安啊” / 38

二、初心不改，只为那份责任与担当 / 47

一直咬住一直做下去 / 49

“为官不为民着想，革命要干啥” / 58
“共产党如果不为群众办事，群众还会拥护我们吗” / 65
“不准在东山饿死一个人” / 69
“国民党造灾，共产党要救灾” / 73
“能不能再进一步调查” / 80
“县委不能推卸责任，也不能推诿” / 83
“为了子孙后代的幸福，让我们再坚持一下” / 86

三、一心为民是他不变的情怀 / 93
谷文昌的“穷朋友” / 95
谷文昌的“忘年交” / 99
一段“木麻黄”树缘 / 102
“这样的官，老百姓怎不拥护” / 106
“有代志（事情）找谷书记” / 110
“是渔民的生命重要，还是那几条鱼重要” / 114
“群众哪里需要我们，我们共产党人就在哪里出现” / 116
“一座不朽的丰碑” / 120

四、严管厚爱，管好班子带好队伍 / 131
落实民主生活会制度 / 133
大兴调查研究之风 / 135
“指挥不在一线，等于空头指挥” / 140

"喊破嗓子，不如干出样了" / 146
他让人心服口服 / 150
"在谷书记身上，需要学习的地方实在太多了" / 154
"有这样的领导，咱家再艰难，心里也暖和" / 159
"这种共产党员的形象，最能教育人影响人" / 161
"他一讲话，几千号民工鸦雀无声" / 166

五、克己奉公，坚守干净做人底线 / 173
"我们是人民的勤务员，不是官老爷" / 175
"像我这样的病，好不了了，不要给国家造成浪费" / 179
"当领导的要先把自己的手洗干净，把自己的腰杆挺直" / 182
"政策不允许的，就是谁来说，也没用" / 185
"过分讲究穿着就会脱离群众啊" / 188
"他怎么和我们一样啊" / 191
"这是公家的自行车，别再磨破了外胎" / 194
请省委书记吃番薯 / 197

六、言传身教，带头树立清廉家风 / 201
"要永远记住：清清白白做人，认认真真做事" / 203
"你是县委书记的妻子，你穿这样的衣服合适吗" / 206
把调薪的名额让给别人 / 210

"这是公家的车，你们没有权利使用" / 212
"你是我女儿，总不能叫我自己给自己安排吧" / 216
"路，只有自己走，才会越走越宽广" / 220
"伟大母亲"的为民情怀 / 224
"谨循父亲的教导，让这良好家风代代相传" / 228

附录一　身边人眼中的谷文昌 / 235
他用忠诚履行了入党的誓言 / 黄石麟 235
他认定的事情一定要做到底 / 宋秋涓 237
他非常得民心 / 林周发 239
要与人民群众同心同德，同甘共苦 / 王治国 240
他一根烟都不碰 / 林　嘉 242
回忆我的父亲谷文昌 / 谷豫闽 243
附录二　谷文昌同志简介 / 246
附录三　谷文昌生平年表 / 247
后　记 / 249

一

对党忠诚是他一生的坚守

忠诚，是中华民族优秀文化的精髓，是共产党人最为可贵的政治品格，也是衡量一名党员干部政治是否合格的根本标准。

2015 年 1 月 12 日，习近平总书记同中央党校第一期县委书记研修班学员座谈时强调，“心中有党，是具体的而不是抽象的。作为党的干部，不论在什么地方、在哪个岗位上工作，都要经得起风浪考验，不能在政治方向上走岔了、走偏了。要自觉坚持党的领导，自觉同党中央保持高度一致，自觉维护党中央权威，党中央提倡的坚决响应，党中央决定的坚决照办，党中央禁止的坚决杜绝。”

谷文昌正是这样的同志，他一生跌宕起伏，从抗日战争、解放战争到南下漳州，再到“文革”中遭批斗、被下放，不论肩负重任还是身处逆境，他从未忘记自己的党员身份，从未动摇理想信念，始终相信党、相信组织，真正做到头脑始终清醒、立场始终坚定，对党绝对忠诚。他用自己的一生践行了党旗下的誓言，诠释了一名共产党人的绝对忠诚。

从太行赤子到区委书记

1944年3月，在鲜红的党旗下，29岁的谷文昌举起右手，庄严宣誓。从此，共产党人的红色基因深深植入谷文昌的灵魂深处。从中原到东南海滨小岛，谷文昌用脚步勾画出忠诚的轨迹。

在河南省林州市（原林县）太行大峡谷的林虑山上，有一个阁楼叫文昌阁，阁前立有一块碑，叫谷文昌纪念碑。这是1990年8月和1999年8月，福建省东山县和河南省林州市政府、石板岩乡政府先后为谷文昌立建的，以纪念这位为河南林州和福建的革命建设作出重大贡献的模范人物。

谷文昌的故乡——河南林县石板岩乡南湾村郭家庄

1915 年 10 月 15 日，谷文昌生于河南省林县石板岩乡（原林县西乡坪区）郭家庄村南湾自然村的一户贫农家庭。由于家庭困难，谷文昌不得不早早辍学，当起了放牛娃，还未等他从放牛娃的稚气中解脱出来，又跟随大哥谷程顺去山西学打石。

抗日战争爆发后，按照党中央的战略部署，1943 年，八路军一二九师挥戈北上，出师太行，创建以太行山为依托的晋、冀、豫抗日根据地。穿行于河南、山西之间以做石匠活维持生计的谷文昌，接触到了革命。

家庭的苦难和贫穷的经历，使谷文昌对革命有着天然的亲切感。回到家里，他欣喜地告诉家乡群众他一路上的所见所闻，把看到的这些新鲜事儿传播给南湾一带的农民。

“我看到了，八路军给我们农民送水送米，还给农民打扫院子，有的还给我们农民看病。”

“真是这么好吗?”

“我亲眼看到的!”谷文昌跟农民朋友说：“你们想，八路军一到那儿，那儿的地主就跑了，要不跑就要被抓……”

“坏人自然怕好人啦……”

“那谁来领导我们南湾村的人起来闹革命和抗日呢?”这时，人群中突然有人问道。“会来的，这是迟早的事，到时候我们要团结起来，参加革命……”谷文昌十分平静，目光坚毅。

此时，中共河南省省委派了一个名叫郭勋的人来到西坪乡开展工作，宣传抗日救国的道理，发动群众参加革命队伍，发展党员，建立基层党组织。1943 年 6 月，中共西乡坪村党支部成立，农会、民兵、妇救会、儿童团等群众组织相继成立，谷文昌毅然参加了村农会，成为南湾村一带的革命积极分子。他借着自己在这一带打石时建立的威信，走村串户，发动群众加入农会。按照组织要求，他积极团结群众，开展减租减息等活动。不久，他被推举为村农会主席。

这年冬天，为了培养革命骨干，党组织在西乡坪举办冬学（民校）。冬学的内容就是普及初小的文化课程，传播革命道理。谷文昌听到这一消息，第一个报名参加冬学。

有人对冬学不以为然，认为现在的任务是革命，是要把反动派打倒，还花这么多的时间来读书有用吗？

冬学的第一天，一座古老的寺庙里仅仅见到谷文昌和几个干部，而看不到农会其他的同志，更别说妇女和孩子了。

认真上完这堂课后，谷文昌积极地挨家挨户劝说：“怎么没用呢，你要识字，地主就骗不了你，你要会算，地主就坑害不了你……”

“你不识字，你怎么革命，革命是需要文化的……”

第二个夜晚，那座古老的寺庙热闹了；第三个夜晚，寺庙挤满了人，男女老少都有……1944 年 3 月，在鲜红的党旗下，谷文昌举起右手，庄严宣誓，加入中国共产党，成为林北县第七区早期共产党员之一。

加入中国共产党后，谷文昌很快展现出了他的领导才华和对党的忠诚。

1944 年 9 月，抗日战争处于黎明前黑暗的阶段。在河南乃至全国，日伪军向革命根据地发动了秋季“大扫荡”。日军十五旅团和伪军 5000 余人，由安阳出发，分两路向林县等地扫荡，企图向这块革命根据地发起突然袭击。

一天，驻姚村的 100 多名日伪军偷偷向白草坡一带进犯，企图打一个措手不及。此时，谷文昌正在区里开会，忽然，远处响起手榴弹的声音，这是岗哨发出的紧急信号。

“共产党员立刻回到各自分管的村子里去，马上组织群众撤离到山上去，其他的同志和我一起去把粮食藏起来，快！你们大家把群众安排好后立刻集中到村口阻击敌人。”

大家分头赶回各自负责的村子，组织群众撤离，但，敌人来势凶猛，很快迫近。谷文昌负责的这个村子，已传来了敌人的枪声。谷文昌沉着冷静，他带着几个干部，边指挥群众撤离，边注视着枪声发出的方向。群众撤离后，他就带着几个民兵和区里的队伍会合，去阻击敌人。

1945 年 3 月，谷文昌（前排右一）担任抗日民主政府第七区区长

借着对山势地形的熟悉，谷文昌带领大家与敌人展开了巧妙的迂回战。这场战斗持续了两个多小时，直到接到群众已到达安全地带的消息后，谷文昌才撤出战斗，把整个空荡荡的村庄留给了日伪军。日伪军在村庄里四处搜索，不但看不到一个人影子，就连半粒粮食也没找到。敌人在西乡坪村一带驻扎了一天，其行动最后不得不以失败告终。

凭借着在这段抗日斗争期间的英勇顽强和出色的指挥才能，谷文昌受到群众的拥戴，被选为当时的七区区长，后来经过重新调整，成为十区的区长、区委书记。就这样，太行赤子，正式走上革命道路，一路上伴随他的是——对党的绝对忠诚。

“我已下定决心，不解放江南老百姓誓不回来”

忠诚是一种发于内而形于外的品格，真正的忠诚总是建立在内心的自觉自愿之上。面对着背井离乡的艰难选择时，谷文昌二话不说，报名南下。

1948 年秋，人民解放军摧枯拉朽，解放战争节节胜利。为了适应战争发展的需要，中共中央作出了《关于准备五万三千个干部的决议》，要求“准备 5.3 万名左右的干部，分配到华北、华东、东北、西北和中原地区，领导新解放区的建设”。

1949 年年初，选调南下干部的指示下达后，林县在阎家台村召开动员大会，县委书记、组织部部长带头报名南下。

“打过长江去，解放全中国!”动员大会正在进行，谷文昌

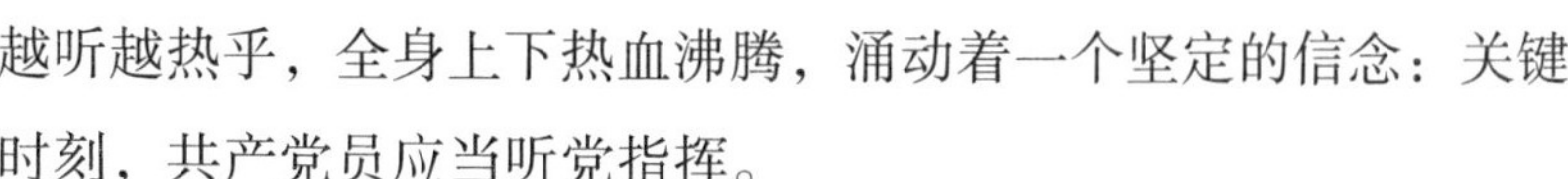

越听越热乎，全身上下热血沸腾，涌动着一个坚定的信念：关键时刻，共产党员应当听党指挥。

“走，我们这就报名去！”谷文昌诚邀同村的农会委员郭有庆：“革命需要哩，别窝在家当农民，咱一块儿出去搞工作！”

郭有庆舍不得离开老家。的确，解放了，日子一天天好起来，三亩田地一头牛，老婆孩子热炕头，祖祖辈辈的梦想，眼看就要实现，为什么要离家南下呢？其实，当时很多符合南下条件的农民干部，都有这样的顾虑。

33 岁的谷文昌也面临两难的选择：饱尝苦难的母亲年逾六旬、缠足，很需要他留在身边服侍，如果选择南下就不能尽孝了……谷文昌果断作出了选择。他说：“人家马兴元书记、蔡良承部长远离家乡到咱林县闹革命，现在咱这里解放了，他们又要随军南下。咱也不能光顾自己，要为江南老百姓的解放尽些力！”

谷文昌河南林县故居

山西省档案局至今还保留着太行区党委选拔南调干部的资料：当年从太行、太岳两区选调出来的南下干部中，约46%是在抗日战争中锻炼成长起来的，至少有5年以上工作历史。

对于南下前，谷文昌是如何说服母亲的，已经无从查考，但是，谷文昌留下了一张《南征政民工作人员登记表》，在“家庭有啥困难”一栏里，填着“没有困难”。在“本人对家庭照顾的依托人姓名”一栏，填着“依托兄弟谷文德”。

此外，谷文昌等6人还向组织递交了一份“保证书”，写在烟盒背面：“每人家庭早有准备，不会拖后腿。阴历正月初九早饭集中十区署，保证当天下午报到平房庄。特此保证。组长谷文昌、副组长杨永修、申周朝、郭玉守、元为德等6人。”

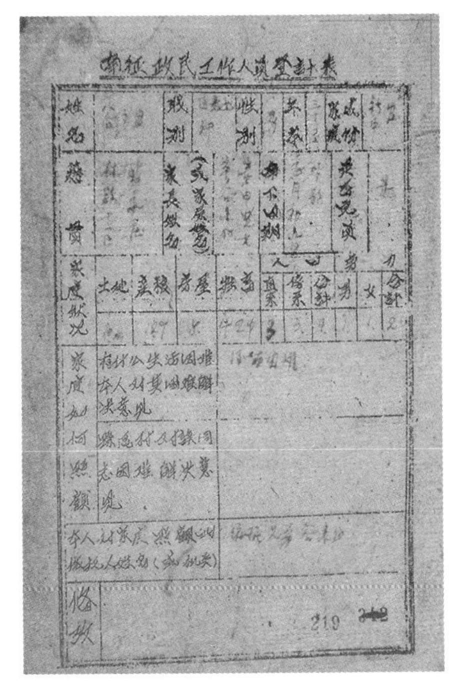

南征政民工作人员登记表

219

谷文昌填写的《南征政民工作人员登记表》

一份保证书、一张《南征政民工作人员登记表》、一句慷慨激昂的表态，言语朴实，字字铿锵，把对党和革命事业的忠诚，不惧生死的豪迈，离别故乡的情怀写在了那里，大写着一个党员对党的无限忠诚。

“党需要我们解放江南。我已下定决心，不解放江南老百姓誓不回来！决不给家乡丢脸，决不辜负父老们的期望!”出发前，郭家庄为谷文昌举办了盛大的欢送会，谷文昌在大会上庄严表态。

乡亲们欢送谷文昌南下的情景

“只要是中国的土地，共产党员就有责任去解放，去建设”

入闽前，谷文昌担任中国人民解放军长江支队第五大队第三中队党小组组长。部队原来的任务是接管苏沪杭，情势突转，上级要求他们随军南下，接管福建东山。听说语言不通，气候湿热，“三个蚊子能炒一盘菜”，很多北方人犯怵了。谷文昌毫不犹豫：“我们既然要解放全中国，就不能计较去哪里。福建不也是中国的土地吗？只要是中国的土地，共产党员就有责任去解放，去建设！”

1949 年 3 月 22 日，太行、太岳两区选调的 4000 余名干部齐聚河北武安，进行了一个多月的学习培训后，于 4 月 25 日开始踏上南下征程。谷文昌任第五大队三中队五小队队长。

此时，人民解放军的百万雄师，已于 21 日突破长江天险，23 日，南京解放。24 日，太原解放……

胜利喜讯频传。在夹道欢送的人们喊口号、打腰鼓的声浪中，长江支队迈着雄健的步伐，朝着胜利的方向前进，千军万马，浩浩荡荡——

然而，当队伍驻扎在长江北岸准备渡过长江时，队员们知道，自己的队伍即将离开江北，向北方的土地告别。不少人一想到这些，“小农意识”便开始作祟，一些人趁着夜色悄然往回走，他们不知道前面的革命道路还要走多远。虽说走了几个月，虽说看到沿途的国统区都解放了，但他们依然无法放弃家乡的那几亩地，不想远离故土、亲人和朋友。

革命在考验着这支队伍中的每一个人。

谷文昌没有走，他非常坚定。借着长江的夜色，他把跟随自己一起出来的乡亲们叫到身边，对他们说：“逃跑是耻辱，既然我们已经参加革命了，就要把革命进行到底。希望你们不要给咱们林县革命根据地的人民丢脸。”

“谷队长，我们还要走多久？还要走多远？我们家今年的收成还要请人帮忙呢！”

“是啊，地里的活那么多，还有养的那么多的蚕怎么办？就靠我父母亲他们……”

谷文昌和大家说："要革命就得准备牺牲个人的利益，甚至生命，哪里还想着自己家的那么点儿事。革命成功了，全中国都是我们的家，你还怕回不了家？你还想着你家里的那儿亩地？"

那天夜晚，当大家都在为自己的命运作出选择时，谷文昌望着两岸灯火，也在思考着自己的未来。他在自己的工作本子上，默写着他最喜爱的歌曲——《国际歌》的歌词："从来就没有什么救世主……全靠我们自己，我们要夺回劳动果实，让思想冲破牢笼……"

在歌词的后面他写下这样一段话："共产党员要胸怀大目标，四海为家，时刻想着别人，想着大家。我们是为人民服务的，不论什么情况，不论职务高低，不论在什么地方，都要在那里生根开花！"

就这样，谷文昌随着解放军大军渡过长江，在这期间不少人悄悄地落下泪水，有的趴在长江边含泪饮水告别，谷文昌也在自己的心里向家乡告别，他对自己的老乡们说："大家别难过，革命成功后，我们还会从这里回家，那时，我们是带着革命的胜利回家的！"

尽管谷文昌所在的长江支队日夜兼程，仍赶不上国民党军队溃败的速度。

5 月 14 日，不甘失败的国民党反动派三架飞机轮番轰炸南京下关，不少房子被炸毁，3 名解放军战士当场牺牲，五大队有同志被倒塌的楼房埋住，经及时抢救才脱离危险。

到苏州，三中队第二小队群团主席、林县老乡秦德修不幸病逝。乡愁，悄悄地蔓延开来……

"上有天堂，下有苏杭。"各县作南下动员时，接到的指示是接管苏南一带，可是根据形势发展需要，上级又决定长江支队随三野十兵团南下福建。

福建在哪里？福建是什么样的地方？很多人从来没有听说过，于是议论蜂起：

“福建山多，老蛇多，蚊子一个一寸长！”

“福建潮湿，到那里会得粗腿病！”

“福建人说的话听不懂，到那里娶不到老婆！”

……

思乡情绪又开始在长江支队蔓延，一些意志不坚者脱离了革命队伍。长江支队第五大队三中队召开紧急会议，谷文昌站了起来，面庞清癯，剑眉紧锁：

“我们既然要解放全中国，就不能计较去哪里。福建不也是中国的土地吗？只要是中国的土地，共产党员就有责任去解放，去建设。我们决不能做革命的逃兵！”谷文昌的发言，鼓舞了士气，一些思想发生波动的同志，终于决定跟着队伍继续南下。

行军途中，谷文昌的肺病常常发作，一发作起来就高烧不退。战友们劝他坐上马车，他却拒绝了：“这是老毛病了，顶一顶就过去，要不了命的。”

谷文昌硬是以常人难以想象的坚强毅力，咬紧牙关，忍着病痛，昂首挺胸，走在小队的前头！

越过崇山峻岭，跨过大河长江，穿过枪林弹雨，长江支队的钢铁战士们，从中原腹地，走到了祖国的南疆。

1949 年 9 月 19 日，漳州解放。23 日，部队结束了从中原腹地到祖国南疆的 3000 公里行程，南下进驻漳州。谷文昌等 37 人，被分配接管位于福建省最南端的东山县。

东山保卫战关键时刻，他一直冲锋在前

党员干部在关键时刻能否站得出来、危急关头能否豁得出来，直接检验着对党是否忠诚。

穿过战争的硝烟，谷文昌随解放军来到东山。开始他担任城关区区委书记，不久即担任县工委组织部部长，并成为当时县工委的5位委员之一，1952年担任了县长。谷文昌一踏上东山土地，就在县委统一领导下，和全县军民一起投入了保卫东山、建设东山的斗争。特别是他在担任组织部部长后，立即着手进行发展党员、培养干部、建立党的基层组织和各种群众组织的工作。

1953年，国民党当局“反攻大陆”，首选东山。此次攻打东山岛的作战意图是，配合朝鲜战场，对解放军实行军事上的牵制，同时也是“反攻大陆”的一次前哨战。

蒋军悍然出动美国武装的国民党第十九军第四十五师全部、第十八师的五十三团、第七十五师1部、海军陆战队第一支队并水陆坦克21辆，海上突击第1、第2大队、南海纵队第8中队、伞兵两个加强中队，共约1.3万余人（10倍于我军），飞机20余架、军舰13艘，兵分三路，在国民党金门防卫司令、二级上将胡琏指挥下，大举进犯福建东山岛，扬言在4—8小时之内占领东山岛。进攻东山岛之前，国民党空军还对福建沿海公路上的许多桥梁实施轰炸，其中也炸断了解放军增援东山岛的必经之路——九龙江桥。胡琏估计此桥一周内无法修好，解放军在泉州的主力部队徒步增援东山至少需3天时间，他有足够的时间消灭

岛上驻军。

7月16日凌晨，举世震惊的东山保卫战爆发。在这场东山保卫战中，谷文昌一直冲锋在前。

7月15日晚上，谷文昌接到叶飞司令员打来的电话。叶飞司令员在电话中告诉谷文昌，敌军从金门开出3艘军舰和若干登陆艇向南方向驶来，究竟要骚扰哪里还不明确，要东山县县委和政府做好转移和撤退的准备。

挂断电话，谷文昌马上打电话向县公安局通报敌情，并通知秘书林嘉到他身边接受任务，同时通知陈城、白埕、前楼、康美、张塘等乡主要负责人，组织干部群众转移，做好后勤粮食油料及副食品供应和支前民工工作。

16日凌晨4时，谷文昌先后又接到叶飞司令员和部队首长打来的电话，敌舰可能进攻东山岛，要立即转移并与驻岛部队紧

东山保卫战

密配合。

谷文昌立即发布撤退令，通知各机关部、局和各区镇乡负责人按预定路线转移。接着，又和县武装部长崔天恒商定，把带枪的机关干部和部分民兵组织起来，并分为长枪班和短枪班两个班：长枪班任务是准备进入虎山阵地，短枪班的任务是保卫首长的安全和文件档案的转移……敌机机关炮扫射的声音很快传来，谷文昌马上赶往前线指挥部，按照原来制定的预案，和其他县县领导分头开展支前组织工作。很快，以东山群众为主体的支前队伍被迅速动员组织起来，投入到支前第一线。

凌晨6时许，隆隆的炮火声中，谷文昌与县委书记张治宏一行来到200高地看望战士。200高地位于东山岛中心地带，是我军核心阵地之一。谷文昌与指战员一一握手，鼓励他们勇敢杀敌，保卫东山。战士们群情激昂，“人在阵地在”的誓言响彻阵地。接着，谷文昌又来到前坑洞附近，动员基干民兵连浴血奋战，坚守阵地。各路支前队伍在炮火中穿梭，送饭送水上阵地，救护重伤员到后方。

鏖战正酣，前方炮弹、子弹供应告急。谷文昌立即率数十名民工紧急运送枪支炮弹。他身先士卒，扛起30多公斤的子弹箱，冲向两三千米外的阵地。敌人向我阵地发起进攻，几百发炮弹如狂风骤雨，巨石崩裂，烟尘弥天。正在指挥战斗的县武装部部长崔天恒突然看到，崎岖的山路上，谷文昌肩扛子弹箱，冒着炮火往阵地上赶。崔天恒焦急地喊道：“你不在指挥部待着，上来干嘛?”崔天恒叫来两位武装部干部，坚决要把谷文昌送下山。但干部一转身，谷文昌又来到弹药仓库，扛起子弹箱朝另一个阵地冲去……

17日零时，解放军驻广东汕头某部先头部队抢渡进岛……17日下午7时，解放军各路反击部队逼近东沈、湖尾海滩，敌人乱作一团，纷纷缴械投降，东山保卫战，宣告胜利结束。

7月18日中午，谷文昌召集干部，布置打扫战场和抢救伤病员，做好支前工作等。会上，谷文昌再次动员：要做好防空工作，继续挖好防空洞战壕，提高警惕，严防敌人反扑……

全县人民迅速被动员起来，投入支前第一线，抗击来犯之敌

敌人攻入东山时，每到一村，就散布谣言说："县长谷文昌被活捉了！"台湾电台则向全世界广播："胡链兵团胜利占领东山岛！"为了稳定民心，打破敌人的虚假宣传，18日下午1时许，谷文昌叫上秘书林嘉说："走，到城关去，我要让东山的百姓看看，我这个县长还活着，要带领东山人民战斗到底！"当谷文昌出现在城关的主要街道上时，许多群众高兴地说："县长还在，没有被抓走。"有人还跟谷文昌开玩笑："你去台湾又回来

啦?”谷文昌则说:“他们要抓我,没门!”

毛泽东主席获悉东山保卫战胜利的消息,高兴地说:“东山保卫战的胜利,不光是东山的胜利,也不光是福建的胜利,而是全国的胜利。”陈毅元帅说:“东山战斗胜利的意义不在于战果数量多少,而在于把敌人的计划彻底粉碎,不仅是军事上的很大胜利,而且是政治上的很大胜利。”十天之后,《朝鲜停战协定》签订。东山战役之后,国民党军队停止了对大陆大规模的军事行动。

从此,东山县县委和谷文昌带领各界群众开始了“绿化全海岛,建设新东山”的伟大实践,为东山经济的腾飞奠定了坚实的基础。

“不救民于苦难,
要我们这些共产党人来这里干啥”

真干事、干实事,是党员干部忠诚老实的具体表现。谷文昌始终把工作岗位作为对党绝对忠诚的检验平台,作为为党尽忠、为国出力、为民造福的崇高事业上。面对身处风沙灾害多发的海岛群众,救民于水火之中的神圣使命感,使他硬是干了连“神仙”都干不成的事,在东山筑起了“绿色长城”。

谷文昌的名字第一次和东山紧紧连在一起,是在1950年5月12日——

战火纷飞,随军自太行山南下的谷文昌,从古雷半岛跃上木舢板,强渡海峡,登上位于福建最南端的东山岛——一群群蓬头赤足，衣衫褴褛的女人，拖儿带女，木然站立在硝烟笼罩的焦土上。见到久盼的大军，人们撕心裂肺地痛哭，数落着国民党在东山欠下的一笔笔血债。进岛前，谷文昌了解到，仅从1949年至1950年4月，就摊派款43种53次。与此同时，东山2000人死于天花，1340人沦为乞丐。国民党军队撤退前夕，又掠走17岁至52岁的壮丁4792名……

望着东山人民那一双双充满渴望的眼睛，谷文昌不禁想起了自己的身世：八口人只有六分土地，父亲攀崖砍柴跌下万丈深渊，全家生活陷入绝境。逃荒、当长工、做石匠，他尝尽了人间滋味……“既然加入共产党，就有责任解救受苦受难的群众。”谷文昌的心被震动了，一种神圣的使命感油然而生。

1950年到1952年，谷文昌先后任东山县城关区区委书记、县工委组织部部长，参与领导东山人民，推翻千百年来压在头上的三座大山！

解放了的东山人民，还没完全从苦难中走出来，另外三座大山，仍然压在他们头上，这就是：风、沙、旱。

东山四面环海，一年刮6级大风的时间长达150天以上，而248平方公里的土地上，仅有林木147亩。海岛东南部，绵亘30多公里，面积3.5万多亩的沙滩，茫茫一片，寸草不长，狂风起时，沙尘滚滚，遮天蔽日，43个流动沙丘顺着风势向村舍步步进逼。解放前近百年间，飞沙埋没了13座村庄，1000多座房屋，3万多亩耕地，留下许多凄惨的故事——

湖塘村原有7个姓蔡的自然村，被“沙虎”吞没3个，“七蔡”变“四蔡”。

白埕村徐家寮请求相邻的潘家村一起抗沙害，潘家不在风口不愿出工，结果“徐家了，潘家完”，两村接踵被“沙虎”吞没。

万般无奈的东山人寄希望于老天爷，虔诚地在海边修建了“沙神庙”，每逢初一、十五磕头进香，哀求沙神大慈大悲，保佑众生一条活路。没想到沙神不仅不怜悯，反而把沙神庙都掩埋了……

对东山来说，秋冬风沙大是灾，春天雨水多是难。因为，岛上少有树木，烧饭的柴草无处筹措，为了烧熟一顿饭，人们拆床毁柜甚至劈了门板。

年复一年，东山父老在风中挣扎，在沙中刨食。风沙劈头盖脸，人们揉坏了眼睛。解放时，地处风口的山口、湖塘两村1600多村民中，400多人患红眼和烂眼病，40多人成了瞎子和半瞎子。

“这里不是住人的地方呀！”老辈人说。据刚解放时的统计数字，东山百姓，逃亡到海外谋生的占了1/10，出外当乞丐的不计其数。地处风口的山口村，全村900多人就有600多人当乞丐，40多人到海外谋生，被称为“乞丐村”。

“大风起兮沙飞扬，民生苦兮号凄凉。”漫天风沙，世世代代为一首悲怆的民谣伴奏：“沙滩无草光溜溜，风沙无情田屋休，春雨来临柴草绝，作物有种多无收。夏天出门沙烫脚，走起路来三七抽。秋冬风沙难睁眼，无处倾吐苦和仇……”

1953年10月的一天，担任东山县县长的谷文昌带着通讯员陈掌国下乡，路旁一座破旧的凉亭里，五六个面色黧黑，衣着破烂的男女茫然呆坐。

“上哪儿去？”谷文昌走近那群人。

“赶集……”人们吞吞吐吐地回答。

谷文昌瞅了瞅倚在人们脚旁的空篮破碗，转过脸来看了看陈掌国："这哪像赶集？你问问去。"

"他是县长，你们有什么苦处，可以告诉他。"陈掌国用本地话对那些人说。

"风沙又起了，没收成，去要饭呐。"半晌，一位两鬓染霜的阿婆，嚅动着干瘪的嘴唇，如诉如泣。

"这样下去怎么办？"谷文昌双眉紧锁。

"靠共产党了……"人们望着谷文昌。

谷文昌背过脸去，心如火燎。他觉得愧对东山父老——不久前，在东山保卫战关键时刻，东山人民冒着枪林弹雨接应增援部队进岛，持菜刀勇夺敌人机枪……

"群众希望共产党给他们带来幸福，如果我们不为民造福，

面对大批逃荒乞讨的群众，谷文昌决心带领群众与风沙进行殊死的搏斗，让老百姓能够安居乐业

要我们到这里来干什么?”

“群众分到了土地，但种不出粮食，分地又有什么用?”

“不解除群众疾苦，我们心里有愧啊!”

谷文昌含着热泪，动情地对逃荒的村民说：“乡亲们，我对不住你们呀！刚才阿婆说的话，我都记住了。”“乡亲们回去吧，请相信我，我们一定要把风沙治住，日子会好起来的。”从此，他带着这份沉甸甸的承诺，带领东山人民踏上了治理风沙的漫漫征途。

“不制服风沙，就让风沙把我埋掉”

虽然历经八次大规模植树失败，但最终，他成功地让东山岛的沙滩荒山披上了浓浓的绿荫，百折不挠的背后，正是一名共产党人初心不改、始终不渝的生动写照。

“狂风起，风沙扬，掩田园，埋村庄，东山人民苦断粮，卖儿女，下南洋，漂泊海外舍爷娘……”东山岛自古风、沙、旱、海潮“四害”肆虐，因此，治理风沙灾害，改善生态条件，成了新中国成立后东山县委的头等大事。

1955年，谷文昌到湖塘、山口等村，召开老农座谈会，调查过去群众有没有造林，研究如何防沙，向群众提出几个种草治沙的办法。群众说：“种草不行，群众会挖（烧火用）。”谷文昌又提出是否可以在沙荒上种苦楝树，老农说：“种苦楝冬天落叶，防不了风；况且苦楝寿命不长，五到七年就衰老死亡。”群众要求治理风沙的愿望虽然很迫切，但没有办法，更没有信心。

谷文昌态度坚决：“共产党人不能做自然的奴隶，不能听天

一夜之间山口整个村庄被风沙淹没的情景

由命，不能在困难面前退缩。”“不制服风沙，就让风沙把我埋掉!”

为彻底解决风沙灾害，谷文昌带领县委一帮人走遍全县412座山头、3万多亩的沙滩，查风源、查风口，广泛征求各界群众的意见，制定治理风沙的方案。

1955年，东山县召开第一次党代会，大会作出“十年内全面实现绿化，根本解决风沙灾害”的决议，同时，决定成立东山县绿化委员会，谷文昌亲自担任总指挥。同年，县委发动全民植树，种上相思树、苦楝、槐树、榕树、马尾松、黄桦树等10多个品种。几个品种一起上，相对来说比较保险些。但没想到的是，春天植树，到秋天东北季风一来，树苗大多被沙湮没，少数侥幸活下来的，冬天凛冽寒冷的东北风一刮，就把所有的阔叶树的叶子扯得精光，树也死掉了。

一连串的努力，一连串的失败，成千上万人的心血付之东流。在严酷的大自然面前，人的力量显得多么渺小。灾荒和贫困依然笼罩着东山，风在呼号，百姓在叹息。“神仙也制不住风沙!”人们摇头。

谷文昌忧心如焚，带领一班人苦苦思索。

1957 年，白埕村村民在飞沙滩挖出泥炭土。谷文昌在老农的带领下匆匆赶到，小心翼翼地捧起那黑黝黝的泥土，带回家晒干放进灶膛——一朵火花，从泥土上腾起！尽管很小很弱，却分明映现出远古东山的浩瀚林海。希望之火在谷文昌心中熊熊燃烧：东山可以种树，可以种树！他仿佛看到了绿色的东山……

还是这一年，白埕村村民林日长，在房前种活了三株木麻黄。谷文昌闻讯后，立即赶到现场察看，他动情地抚摸着木麻黄的树干，目光凝聚在绿丝绒般的叶梢。因为这个发现，对谷文昌，对全体东山人民，实在太重要了：有三株，就会有千株、万株、千万株，就可以绿化全县荒沙地。

第二天，他把正在县里参加扩干会的 300 多名县、区、乡干部，拉到木麻黄树下：

“木麻黄在这里能种活，在别处也一定能种活。这三株木麻黄，就是东山的希望！”

谷文昌在白埕村召开现场会，以活生生的事实告诉与会者：沙滩可以种木麻黄！

到会者在惊喜之余，都急切地向县委要木麻黄种子。谷文昌向省林业厅要，可是林业厅只能提供一小部分。这时，有消息说广东沿海的电白县也有人种活了成片的木麻黄。谷文昌想，既然他们已经种活了，就一定有树种，也一定有丰富的植树经验。于是，县委派出由县农工部长靳国富为组长，由林业技术员、农村干部为组员的考察组一行 20 多人，到电白县考察学习种植木麻黄的经验。大家还带回了一捆木麻黄树苗，分别在西山岩、赤山、白埕试种。这些木麻黄接上了东山的地气，大多成活了，这让谷文昌兴奋不已。

在1958年2月24日开始召开的中共东山县一届二次会议上，谷文昌代表县委作了《乘风破浪，加快建设社会主义新东山》的报告，提出“苦战3年，绿化全岛”的战略目标，同时规划当年造林2万亩的任务；又提出了“晴天挖窟，雨天种树，技术指导，保种保活”的要求。3月12日，东山县召开全县植树造林动员大会，会上谷文昌代表县委发出“上战秃头山，下战飞沙滩，绿化全海岛，建设新东山”的动员令。会后，东山县直机关全体干部，扛着锄头，步行4公里到白埕埔造林地点，和500多名群众一道，在千亩飞沙滩上种下了2万多株木麻黄。13日，又在湖塘、山口、梧龙等地摆开战场。东山人民世代积蓄的那种求生存的本能，此刻化作了高涨的热情，一连四天，海岛东南沿海的茫茫飞沙滩上人山人海，一片沸腾，群众一天干四班，共种下20多万株木麻黄。

人们相信“万木喜逢春”。这春天种下的救命树，寄托着全东山的希望。岂料，13日那天北风乍起，气温骤降，持续一个月之久的倒春寒，再一次残酷地揉碎了东山人的绿色之梦。

面对成片枯死的树苗，东山人再一次发出沉重的叹息。“这沙滩，冬天人站不住脚睁不开眼，夏天烫得可炒花生，怎能长树呢！”“沙滩能长树，鸡蛋能长毛！”人们议论纷纷，白埕大队一位老农甚至跟人打赌：“这沙滩上要能长树，我从白埕翻跟斗到西埔！”

刚从学校毕业不久的林业技术员林嫩惠，心乱如麻，低头垂泪。他担心死苗的原因是自己指导不当，辜负了全县人的一片苦心。尤其是听了一些冷嘲热讽后，他彻夜辗转难眠。小林含着眼

谷文昌（前排右一）与群众一起在荒山石滩造林

泪，向谷文昌汇报了树苗成片枯死的情况，并带谷文昌到一片沙滩上，观察仅仅成活的9株木麻黄。

谷文昌弯下腰来，像慈母爱抚婴儿一样，对木麻黄看了又看，摸了又摸，然后回过头来，亲切地说："小林，群众干劲很大，树死了大家心里难过，这可以理解。"他站了起来，挺拔的身躯就像傲岸的木麻黄："但是，你千万不要失去信心。共产党人干的是前人没有干过的事业，就不能怕失败。咱们不是还活了这九株木麻黄吗？能活九株，就能活九千株，九万株，就能绿化全东山！"

"东山能长树！"一个带着浓重河南口音的坚定乐观的声音，回响在东山这片贫瘠的土地上，激励着一颗颗沉重的心："将来树长大了，大家抬起头看，帽子会掉下来！"

经受了多次挫折的东山县委，更加注重科学性。他们在思考：为什么木麻黄在广东能够种植成功，福建却不行？难道是因

谷文昌蹲在成活的木麻黄跟前，眼前升腾起一片绿色希望

为气候水土上的差异？木麻黄是外来树种，它原产于澳洲与太平洋诸岛。相比木麻黄的原籍，广东湛江电白的地理环境相似，而东山的纬度较高，春天气温偏低。要让木麻黄在东山种植成功，有无规律可循？

一个由林业技术员、领导干部、老农民三结合的造林试验小组应运而生，谷文昌亲自担任组长，采取的是“笨”办法：旬旬造林！

飞沙滩上搭起草寮，定时观察。气温、湿度、风向、风力对新植木麻黄回青、成活的影响，全部记录在案。

白埕大队北面，谷文昌和该村林业队一道，种下了20亩丰产实验田，为全县提供示范。经过一番艰苦的探索，大家终于摸清了木麻黄的生长习性，总结出沙地木麻黄种植的六大技术要点：“大坑深栽”“客土栽种”“适时种植”“雨天造林”“保护管理”“防治病虫害”。县委组织专人编写《沙地木麻黄种植六大技术要点》，印成小册子分发到各公社、大队和小队，人手一册，让群众自学；同时还举办各种培训班，传授沙地种植木麻黄的技术要领，培养出一大批林业技术人员。

技术问题解决后，又一道难题横在面前：种苗奇缺！县长樊生林直接指挥调种，从县直机关企事业单位，各公社抽调230名干部职工组成的采种队，分赴四方。饱含绿色希望的种子，从厦门、永春、平和、南靖等地采来，甚至由省林业厅提请国家林业部，通过外交途径从国外进口，撒在了东山大地。一个个孕育绿色希望的苗圃建立了起来！同时，一项行之有效的政策深入人心：全县造林，国造国有，社造社有，房前屋后植树归个人所有！

一张最新最美的蓝图，开始从荒漠中绘出。1959年12月20日，全县军民举行植树造林誓师大会，谷文昌代表县委提出绿化东山的目标：“举头不见石头山，下看不见飞沙滩，上路不被太阳晒，树林里面找村庄。”全县党政机关企事业单位、各公社分成十大兵团，实行划片包干，责任到人，要求每个东山人种50—100株木麻黄。

第二年夏季，每逢雨天，有线广播马上播送造林紧急通知，东山县各级干部率先冲进雨幕，百里长的海滩上，布满了造林大军，歌声与雨声齐飞，汗水与雨水交汇！一季苦战，东山人民种植了150公里长、175条林带。

此后连续三年，春季天一下雨，东山人民就在山地抢种相思

谷文昌（前排右一）与县委一班人带领党政军民植树造林

树、松树、栎树等；夏季天一下雨，东山人民就在沙滩抢种木麻黄。

《中国共产党东山历史》这样描述：从 1958 年到 1963 年年底，全县已造林 73039 亩，营造护田林带 223 条，总长 184 公里。县境内所有的秃头上都披上了绿装。140 多公里的海岸线上筑起了一道道绿色的长城。深林覆盖率达 36%，绿化面积达 96%。从海岛最北端的城关，到最南端的澳角，沿海是密密麻麻的防风林；田野间，到处是纵横交错的林网。千年肆虐的风沙，神仙难治的风沙，终于被英雄的东山人民制服了。

从此，东山植树造林模式在福建沿海广为推行：抗击风沙肆虐的第一道防线是木麻黄，第二道防线是果树林，包裹于其间的是一块块农田。时至今日，福建沿海 4000 多公里的防护林，都是以东山模式为样板的。

如今，一条条绿色长龙，蜿蜒在141公里的海岸线上，环护着田园村舍，千年肆虐的风沙，神仙难治的风沙，终于被英雄的东山人民抵御在海岛之外

“咱是共产党员，总不能看群众挨饿啊”

大事难事看担当，顺境逆境看襟怀。检验一名党员干部对党忠诚是否纯粹，不仅看其身处顺境时的所作所为，更要看其身处逆境时能否坚守信仰、不忘初心，能否做到始终相信党、忠于党、服从党。

1969年冬，谷文昌全家被下放到三明地区宁化县禾口公社红旗大队当社员。下放到山区农村当社员，他同样毫无怨言，一如既往地工作。谷文昌千方百计帮助生产队发展生产，临危受命担任水库总指挥，带领大家修建水库，群众称赞谷文昌说：“建库有功谷文昌，禾口年年谷满仓”。

“宁化、清流、归化，路隘林深苔滑。”宁化县，地处闽赣边界，距红都瑞金只不过100多公里，是革命老区，是红军开始长征的出发地之一。毛泽东、周恩来、朱德、彭德怀、黄克诚等一大批无产阶级革命家都曾在这里留下了战斗足迹，毛泽东还写下了脍炙人口的《如梦令·元旦》。当年全县参加红军的有13700多人，有名可考的烈士达3300多人。其中石壁镇参加红军的有1300多人，烈士600多人。

红旗大队是一个“山穷水瘦”的小村子，每亩粮食单产不过300斤，年人均口粮也不到300斤，最低工分值只有7厘钱。男人们一年中有大半年的时间是漂泊他乡，靠打短工，或卖手艺，以此混口饭吃；女人们则在家带孩子勉强度日。

谷文昌夫妇到红旗大队时，正是冬天。按理，这是秋收过后不久，农户的粮食还多。可是却有不少人埋怨着粮食不够吃，饿肚子。大清早，男人们就偷偷溜到外大队混饭；女人们则背上砍柴刀或扛上锄头，钻进大山割春笋刨山芋；至于孩子们，面黄肌瘦，鼻子底下流着青色的鼻涕，眼里挂着泪花，带着乞求的眼光，怯生生望着谷文昌夫妇。这一切，谷文昌看在眼里，痛在心头。

山村的第一夜，谷文昌辗转难眠，翻身起床，叫醒爱人：“老史啊，这地方穷，咱们有责任改变它呀！”

爱人史英萍一边点头，一边忧心忡忡地说：“可咱们是下放劳动来的啊！”

“下放劳动又咋啦？咱是共产党员，总不能看群众挨饿啊。当年农民为什么跟着共产党闹革命？就是因为穷，没有土地，没有饭吃。如今有了土地，仍然不能吃饱饭，革命有什么用？”

“可是，地方领导都在，不是咱能插手的啊！”

“这哪里是插手！看着群众在挨饿，所有的共产党人都有责任解救他们！况且这里的老百姓为中国的革命事业作出巨大的贡献，现在解放都那么多年了，老区人民还吃不饱饭，我们有愧呀！这是不可推卸的责任!”谷文昌显然很激动，下床踱起步来。

爱人史英萍没有再说话，她知道丈夫的脾气：认定了这个理，任它十头黄牛也拉不回。

天一亮，谷文昌就找到了红旗大队党支部书记王定乾，说：“老王啊，你能不能叫几个大队干部，带我到四处转悠转悠?”

“行，只是咱山区没什么好玩的。”王书记的回答很干脆。

谷文昌在王定乾和红旗大队的一帮领导陪同下，带着锄头，向田间进发了。爬到最高的梯田处，谷文昌一会儿看看水圳中往梯田里淙淙流去的溪水；一会儿走到荒芜的稻田中，随手抓起稻草仔细端详。随同“玩山”的大队领导看懂了，知道谷文昌是在作农田调查，便开玩笑道：“老谷啊，咱红旗大队，红旗倒是挺红，可山田，却是薄薄瘦瘦的。”

“玩”了整个上午的山，谷文昌对王定乾说：“老王啊，什么时候开村干部会议，也让我参加，行吗?”

“行！老谷，我今天晚上就召开会议!”

下午，谷文昌又上了王书记的家，说是想请大队会计出纳，看看账本。王书记一阵踌躇，还是同意了。

深沉的夜晚，村干部们围坐在煤油灯前开会，谷文昌也来参加。他与队干部语重心长地谈心：“当干部担子重啊！今天，我和各位领导看了咱红旗大队的所有稻田，还看了咱大队收支账簿，看咱大队的肥料和农药的使用数量，也看夏秋两季的收成。在我看来，咱红旗大队，红旗虽红，生产问题却挺大。”

一语惊四座，大队领导们屏息聆听这个下放干部的分析：

“原因在哪里？不是我们社员没有干劲。问题出在水稻产量低。产量低的原因又在哪里？我看，一是稻田串灌，二是高杆疏植，三是土壤板结。”接着他又直言不讳，指出了红旗大队农业生产上存在的问题和改进方法。生产队长们频频点头，有的还交头接耳：“句句是实话，都是咱们的心里话。”

“庄稼一枝花，全靠肥当家”。第二天，谷文昌就找人为他打制了两支粪铲，每天天刚放亮，村边路旁就闪动着他的身影，一手拎粪箕，一手持粪铲，捡拾猪粪、牛粪、狗粪。他的妻子也帮着一起去捡粪、积肥。在七个多月中，他们为集体积攒了一大堆优质农家肥料。

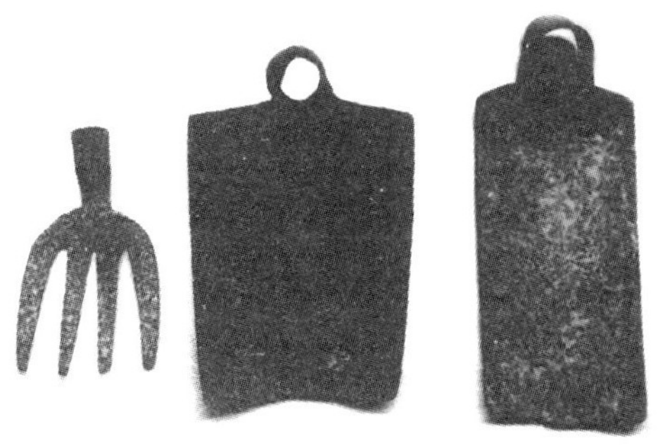

谷文昌下放宁化时使用的劳动工具

与此同时，谷文昌帮助大队组织了积肥专业队，积攒农家肥、沤制绿肥，他还利用到县城学习开会的机会，在县直机关联系了一些单位，作为红旗大队的积肥点，派专人在县城积肥，隔几天就用拖拉机、板车将肥料运回田间。农业生产，谷文昌件件内行。他晚上帮队干部计划生产，安排农活；白天同社员一起劳动。插秧时节，他到田里挑秧送秧，身上溅满了泥水；田间管理时节，他手拿放大镜与技术员一道观察病虫害情况，及时防治；

双抢时节，他天不亮就敲大锣，组织群众出工。群众说他是：手不闲、腿不闲、目不闲的干部。

谷文昌对当时“出工一窝蜂，干活磨洋工”的现象，深感忧虑。他把在东山绿化中实行“四包”的经验介绍给队干部，与群众商量实行“包工分”制，把效率、质量、报酬统一起来。实行这个办法后，大大激发了群众的干劲，劳动效率、劳动质量大幅度提高。

这一年，红旗大队粮食丰产，在三明地区第一个实现了跨千斤！红旗大队群众结束了“米饭不够，地瓜片凑”的历史。望着堆得满屯满仓的金黄稻谷，不知是谁，在感激之余，把谷文昌改为“谷满仓”。从此，在红旗大队，在禾口公社，甚至在宁化县，人们争相传诵着下放干部“谷满仓”的美名。

谷文昌（右四）下放宁化县时在田间指导农业生产

“任何时候都要相信共产党”

真正的忠诚，是发自内心、融于血液的，任凭风浪起伏，不管顺境逆境。

“文化大革命”期间，这位东山人民所爱戴的老县委书记、彼时已调任省林业厅担任副厅长的谷文昌同样无法逃脱劫难，被莫须有地扣上“走资派”等帽子，在福州遭受批斗。谷文昌后来被“押回”东山，被关在顶西大队民兵部。得知老领导被从福州押回来，原通讯员朱才茂先后三次去看望。每次，谷文昌对他说的最多的就是：相信党、相信群众。

第一次去时，朱才茂看到谷文昌正在看书，就关切地问：“身体可好?”谷文昌只是笑笑：“没事，大家对我很好，相信党、相信群众，不要紧的，放心吧。”

没等朱才茂再说什么，谷文昌马上又说：“回去吧，以后不要再来了。”

隔了几天，朱才茂不放心，又约潘进福一同去。俩人一进入他房间，就看见谷文昌伏在桌上写着什么。

听到叫声，谷文昌转过头来，一看又是朱才茂，就说：“叫你不要来你还来?”

“我是带进福来看你的，他不知道你被‘关’在这里。”

“噢，没事，你们都放心吧，回去，要好好学习，把工作搞好。”说完谷文昌又把俩人打发走了。

朱才茂第三次去看望谷文昌，是因为听说他劳动时把腰扭伤了，朱才茂赶紧去中旅社食堂找原来在县委当过中灶炊事员的刘庸，请他弄点药给谷文昌治伤。这时刚好食堂里的馒头熟了，刘庸抓了10个，交代朱才茂先拿去给谷政委吃，并说："这是他最爱吃的。他可能很久没吃了。"

当朱才茂再次来到谷文昌的住处，谷文昌火了："叫你别再来你不听，去去去。"

"是刘庸叫我拿馒头给您吃。"朱才茂解释。

"你先拿回家，午饭后我再去拿。"

朱才茂只好照办，把馒头拿回家了。

谷文昌知道朱才茂的家在哪儿。午饭后，他找到了朱才茂家。

朱才茂热情地拿出椅子，可他还是猫着腰没坐。谷文昌只是向朱才茂的母亲问好，然后拿了4个馒头放进衣袋，其余的6个，任凭朱才茂怎么说也不拿……

"后来他恢复了工作，我出差漳州专门去看他，他家的摆设和个人穿着仍然是那样朴素，工作起来仍是那样卖命，从没听他讲过一句怨言。"朱才茂十分感慨。

越是困苦，越见信仰本色。

下放宁化期间，谷文昌牢记自己共产党员的身份，每月准时交纳3元党费，妻子觉得有些委屈：我们为党做了这么多，还落得如此下场。谷文昌则说，当初南下时，我们的目的就是解放全中国、建设共产主义，个人的境遇又算得了什么？

心有明灯，光照后人。谷文昌用信念励人前行。

1969年，谷文昌大女儿谷哲慧随父母下放到宁化。过了一段时间，当地党组织考虑她的入党转正问题，可谷哲慧却有些消极。她想起那一幕幕辛酸的往事：1962 年高中毕业不久，她就在南安、东山、诏安搞了 3 年的“社教”，而后却因为是“走资派”的女儿连临时工也不能干了……“文化大革命”中，是非颠倒，黑白混淆。接二连三的打击，她打定主意不再为组织问题烦心了。谷文昌得知后，便专门找谷哲慧谈心。他耐心听完女儿的抱怨后，开导说：“一个人不能没有信念。你过去有着共产主义的信念，也尽了自己的努力。不能因为受了委屈，就丧失信念。要相信党，靠拢党，要相信这只是暂时的现象……”在父亲的帮助教育下，谷哲慧端正了思想认识，积极靠拢组织，预备党员转正问题终于解决，成为一名光荣的中国共产党党员。

下放到宁化，谷文昌以自己对党无限忠诚的态度，感化一样身处困境的家人，更以自己的一身正气和党性，教育影响着身边的干部群众。

1970 年 10 月，谷文昌被任命为宁化县隆陂水库总指挥。指挥部成员基本上都是下放干部。谷文昌不仅生活上关心这些干部，而且在政治上也关心他们，常给大家讲革命斗争的故事，教育大家要树立远大理想。

技术员张瑞栋从县水利局下放到水库，从挣工资变成挣工分，有些情绪，谷文昌看了出来。有一次，谷文昌与张瑞栋一起到工地检查质量问题，在大坝上谷文昌拍着张瑞栋的肩膀说：“小张，我是经过沟沟坎坎的人，但我始终相信共产党。你还年轻，要努力工作，主动向党组织靠拢，争取进步。任何时候都要相信共产党！”

谷文昌继续说：“要说委屈，你受的委屈有我多吗？……遭受不公正待遇时不负气不置气，正是党员干部最可贵的精神……

我一个河南人都来这里和大家一起同吃同住；你是当地人，建设水库是造福百姓的大好事，有机会为人民服务你应该高兴。你要努力工作，争取进步。”

换别人，张瑞栋会认为这是说教，可说者是谷文昌，他听进去了。因为谷文昌不仅这么说，而且就是这么做的。作为水库施工总指挥，他坚持和80位民工一起睡工棚，竹片当床板，稻草当褥子，每天清晨5点起床，打石、挖土、挑土、推土，什么都干……不知疲倦。“一个56岁的老革命，一个省厅级大干部，论委屈，老谷不比我更大?”张瑞栋一下子就想通了。张瑞栋从此安心，毅然向党组织递交了入党申请书，接受党组织的考验，于1973年光荣加入党组织。张瑞栋这一“安”，便在基层一线“安”了30年。因工作出色，他还被评为福建省劳动模范，最终在宁化县政协主席的岗位上退休。

“难侨一天不安置好，我就一天寝食难安啊”

谷文昌的一生，都在为党的事业孜孜不倦地奋斗，就是罹患重病，甚至在生命最后所剩不多的时光里，他依然没有忘记一名共产党人的责任和义务，没有忘记全心全意为人民服务的宗旨。

1978年5月，谷文昌担任龙溪地区（今漳州市）行署副专员，分管侨务工作。正值举国上下拨乱反正，落实华侨政策，是其中一项重要内容，对争取侨心，树立形象，为我国的对外开放奠定基础，有着十分深远的意义。而归还土改、“文化大革命”

期间占用的侨房，又是落实侨务政策中的一项牵动侨心的重要内容。

谷文昌为之付出了大量心血，深得侨心……然而生命留给他的，已剩下短短的两年。

谷文昌帮助讨回的侨产龙海天一信局

漳州龙海角美镇有一座著名的“天一楼”，原为华侨郭氏家族创办的民间邮局——“天一信局”办公楼。“天一楼”土改时就分给了当地村民，由于牵涉的户数多，一直未能归还。谷文昌分管侨务工作不久，亲自到现场察看。他对随行的侨办工作人员说：“咱们执行侨务政策，决不能拖泥带水，侨房一定要归还，但群众的实际困难也要帮助解决。”

谷文昌挨家挨户地走访“天一楼”的居民，一面宣传党的侨务政策，一面征求群众对安置工作的意见，并现场办公，解决搬迁户的重新安置问题，终于使侨房归还问题很快得到解决。遍布东南亚各地的郭氏家族成员得知“天一楼”归还的消息，感动极了。他们在这座楼房的大门上贴了一副对联：“喜退侨房振兴中华伟业，欣归故里感谢政府党恩。”

归侨张嘉煌在原东市场有一座侨房因城建需要被拆迁，由于历史原因，建设单位一再更迭，致使一拖13年得不到赔偿。谷文昌分管侨务工作后，张嘉煌抱着试一试的念头再次前来上访。谷文昌热情地接待了他，并耐心地听完了他的申诉，审阅了有关原始材料。随后，谷文昌沉吟片刻，看看离下班还有一段时间，就对张嘉煌说：“走，你带我到原址看看。”说完，谷文昌招呼上侨办的工作人员，骑上自行车直奔现场察看。前后不到一个小时，谷文昌拍板定案：“你反映的情况属实，政府应该赔偿。”很快，张嘉煌拿到了拆迁损失赔偿费5万元。多年未能解决的“难题”，谷文昌一个小时就给解决了。

1978年，大量难侨归国，安置问题成为侨务工作的重点。如何安置归国难侨，谷文昌也是牵肠挂肚，他不怕苦、不怕累，不分白天黑夜地工作，呕心沥血。身边工作人员提醒他注意身体，可谷文昌说：“难侨一天不安置好，我就一天寝食难安啊！”

当时，龙溪地区仅有两个华侨农场，但省里原先分配给的安置任务却有2万人（后实际安置8000人）之多。为了寻找合适的安置地点，谷文昌拖着病躯，踏遍了龙溪地区的山山水水。侨务部门向谷文昌汇报了一个安置点——诏安梅州农场。谷文昌到场部看了，还不放心，非得要沿着农场的周边走上一圈。谷文昌一边走，一边大口地喘气，剧烈地咳嗽。跟随他的侨办干部劝他："下面汇报的情况，应该不会有问题的。您身体不好，就不必每一处都看了吧。"谷文昌不同意，坚持要翻山越岭自己走完一圈。他语重心长地对侨办干部说："归侨安置在这里，可供开垦的荒地是不是足够，还有没有发展余地，这些，都得事先调查清楚，光听汇报，没有调查研究就作决定，太草率，那不是对人民负责的作风。"

在谷文昌的努力下，龙溪地区又开辟出3个新的安置点，加上原有的两个华侨农场，共划定专门安置归侨的华侨农场达到5个，占全省华侨农场总数的三分之一。

可就在这时，谷文昌的身体已经出现异常。

1979年秋天，谷文昌到广州参加交易会期间，感觉吞咽非常费劲："怎么回事，连一瓣橘子都咽不下去?"

广州回来，病症更厉害，连面条也难以下咽了。

"要不去拍个片?"爱人史英萍劝道。

谷文昌去龙溪地区医院作了上消化道造影，医生还进行了会诊，然而，没发现什么问题。于是，谷文昌又继续工作了半年，这半年，正是安置工作最严峻的时期。

要在两三个月时间内建好供2万名难侨居住的房屋，按安置标准需要突击建房20万平方米。时间紧迫，加上当时地方建筑公司很少，眼看安置房难以及时交付使用。经过研究，省里同意暂时搭一部分竹棚过渡。谷文昌担心侨胞有意见，他亲自深入安置点，挨家挨户做思想工作。有一次，谷文昌深入漳浦白竹湖农场归侨安置点时，由于过度劳累病倒了。他不但剧烈咳嗽，还发起了高烧。工作人员请他在农场休息休息，他摆摆手："不行呀，时间来不及。"他只是到农场医疗室打了一针退烧药，又继续工作。

由于食道肿大，吞咽困难，有时从早上 5 点从漳州出发到晚上回家，谷文昌只吃一餐线面。

谷文昌的食量一天天减少，身体一天天消瘦。但他坚强地支撑着，从不诉苦，从不抱怨……

史英萍把丈夫上消化道造影的 X 光片托人带到上海肿瘤医院。医生认真一看：哎呀，贲门癌！

癌症已经到了晚期，谷文昌强忍着病痛，打起精神，带领工作人员挨家逐户走访归侨家庭，对于暂时安置在竹棚里的侨胞，谷文昌总是一再致歉，一再保证：这只是暂时过渡，入冬之前一定会让大家住进标准新居。

许多归侨听说这位拖着病体为他们奔忙的老人是地区行署副专员时，都十分感动："我们在国外受尽欺负，没想到祖国的大官这么和气，这么友善。这暂时的困难我们完全理解。"在谷文昌的领导下，龙溪地区侨务部门出色地完成了归侨安置任务：全区共建成安置房 185 座共 11 万平方米，安置归侨 13 批 8770 多人。时任联合国难民署驻华代表马歇先生来龙溪地区实地察看后，激动地说："我看到难侨在中国有劳动能力的都有工作，孩子都能上学，医疗也有保障，走遍世界各国，中国安置难侨工作堪称典范！"

病榻上，谷文昌欣慰地笑了……

随着癌细胞的扩散，谷文昌的身体一天天虚弱。临终前，谷文昌提出要见林周发和宋秋涓一面。当林周发、宋秋涓从华安县匆匆赶到龙溪地区医院时，他睁大眼睛望着曾经在他身边工作过的老同事，两行清泪潸潸流下："我快不行了……"

“我理解，他这么早就要走了，许多事业还没有干完就要走了，心里难过啊……”宋秋涓说。

那是1981年的1月，项南中旬抵闽就任福建省委书记，下旬便前往闽南调研。在东山，项南看了海岸边镇住风沙的绿色长城，听了东山干部群众讲述造林的故事，对谷文昌这位功业卓著、深得人心的共产党员由衷敬佩。

1月29日，史英萍接到通知：项南书记下午将由东山返回漳州，要专程到龙溪地区医院看望谷文昌。

此时的谷文昌，高烧不退，已经一个星期说不出话来。病榻边，史英萍将项南要来看望的消息告诉他，谷文昌灰暗的眼睛放出光彩，点了点头，嗯了一声。

东山到漳州120多公里，项南到达漳州市区，夜幕已经降临。他连夜要上医院，史英萍犹豫了一下，说：“老谷病情有好

东山谷文昌纪念馆外景

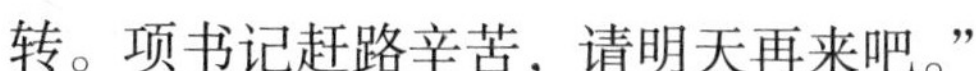

转。项书记赶路辛苦，请明天再来吧。”

1981 年 1 月 29 日晚上 9 点多钟。晴好的天空，突然大雨滂沱，一颗忧国忧民的心脏，停止了跳动……

“老谷，你怎么就走了？老天都不答应啊……”史英萍哭倒在谷文昌身上……

第二天上午，项南一行来到医院，沉痛地向谷文昌遗体告别，并嘱随行的《福建日报》副总编辑徐明新写消息。消息中引用了项南慰问史英萍时说的话：“谷文昌同志南下福建，把自己的精力全部献给东山人民和福建人民，人民是会永远怀念他的。搞四化建设就需要这样的好干部。”项南嘱《福建日报》将这条消息发在一版，并亲自拟定标题：《为东山人民造福的谷文昌同志去世》。

结 束 语

2014 年 11 月 2 日，习近平总书记在福建调研时说："福建这片热土孕育了许多先进人物，谷文昌同志就是一个，我多次提到过他的事迹。谷文昌同志的事迹同焦裕禄、杨善洲同志的事迹一样，展示了一名共产党员和领导干部的坚强党性、远大理想、博大胸怀、高尚情操。"

精神力量，穿越时空。踏上新征程，激发新作为，在全力推动党的十九大部署落地生根之际，谷文昌，永远是一面镜子，一个标杆，一座丰碑。各级干部应自觉按照习近平总书记在党的十九大报告中指出的"全党同志特别是高级干部要加强党性锻炼，不断提高政治觉悟和政治能力，把对党忠诚、为党分忧、为党尽职、为民造福作为根本政治担当，永葆共产党人政治本色"要求，以谷文昌同志为镜，用坚定理想信念练就"金刚不坏之身"，在大是大非面前旗帜鲜明，在风浪考验面前无所畏惧，在各种诱惑面前立场坚定，在关键时刻豁得出去，不忘初心，牢记使命，永远对党忠诚。

二

初心不改，只为那份责任与担当

党的十八大以来，习近平总书记在一系列重要讲话中，多次强调领导干部要敢于担当，在《习近平谈治国理政》一书中，“担当”一词多次出现。习近平总书记指出：“干部干部，干是当头的，既要想干愿干积极干，又要能干会干善于干”，“有多大担当才能干多大事业，尽多大责任才会有多大成就”。对于敢于担当精神的内涵，习近平总书记作了“五个敢于”的高度提炼和深刻阐释，即“党的干部必须坚持原则、认真负责，面对大是大非敢于亮剑，面对矛盾敢于迎难而上，面对危机敢于挺身而出，面对失误敢于承担责任，面对歪风邪气敢于坚决斗争”。

1950 年 5 月 12 日，随军南下的谷文昌踏上东山大地，面对多灾多难的东山群众，他多少次吃不好饭、睡不好觉。谷文昌将“为官一任，造福一方”内化于心、外化于行：面对困难，他不逃避勇于迎接挑战，善于担当；面对责任，他认准了就一直干下去，甘于担当；面对失误，他不回避，立行立改，敢于担当。谷文昌的身上，集中展现了一名共产党人敢于担当的政治品格，与“五个敢于”的要求不谋而合。

一直咬住一直做下去

改变海岛的面貌，仅仅想不够，仅仅做也不够，还要有这样的决心：一直咬住一直做下去！谷文昌正是这样，一旦认准了的事，就不管困难有多大，一直咬住一直做下去。

沙滩造林的成功，使谷文昌看到了绿化东山的美好前景，然而，他却仍然保持着非常平静的心态。谷文昌认为，这仅仅是走完绿化东山的第一步，还有很长的路要走。治理公路的风沙害，是谷文昌绿化全东山宏伟蓝图里的又一重要课题。之前，谷文昌对解决飞沙对公路堵塞之事非常重视，特地交代公路段段长邱汉东：一定要确保公路的畅通无阻。后来，每逢头夜刮大风，次日清晨，邱汉东就主动派人到易堵的公路地段清堵，做到风沙随堵随清理。谷文昌觉得，这种做法毕竟是权宜之计，而非根治措施。

1961 年的一天，谷文昌骑车前往风沙危害最严重的公路地段，把所在地的公社领导和公路段段长邱汉东请来，提出了他经过深思熟虑后的一个设想：在风沙最大的风口营造 1 公里高标准公路林。这个设想当即得到大家的一致支持。经过一番准备后，营造公路林带的民工上场，谷文昌也同样挥锄上阵，一边同大伙儿一起连续作战，一边与技术员一道运筹帷幄在现场。绿色公路“屏障”筑就后，谷文昌每当途经此地，都要仔细察看木麻黄的生长状况。一发现有枯苗，马上责成组织补种。高质量的造林，加上精心养护，使公路林一直保持着旺盛的状态。栽种三年的木麻黄已经长到3—4 米高，枝繁叶茂、郁郁葱葱。公路两旁的树梢交织在一起，即使太阳当空的中午时分，公路的中线也见不到成片的阳光，只有婆娑晃动的“鸡蛋影”。时任省委第一书记叶飞到东山视察工作乘车经过此地时，特地停下车来，走出车门，流连忘返地徘徊在这段绿荫掩映的公路上，风趣地说“这就是东山的‘林荫大道’”。一公里“林荫大道”很快就延伸开来，构成了全县纵横交错的公路林带网。

在植树造林，改变东山的自然生态上，谷文昌是这样，在推进一批为民造福的工程上，谷文昌仍是这样。特别是在解决东山的“水问题”上，他那句“天上无雨地上找，地面无水地下挖”的经典语句，至今仍被广为流传。

东山是丘陵地带，全岛却一无河流二无湖泊，又是沿海风带，蒸发量大，历史上就流传着这样的民谣：“三日无雨火烧埔”，“十年九旱”。缺水，让东山 90% 以上的耕地成了“望天田”，全县只能种地瓜、花生、高粱等作物，水稻十分稀少，东南部地区一个姑娘从出生到出嫁吃不到三斗米，渔民出海回家，一小桶水要擦掉满身的盐渍汗垢，洗过的水还得留着喂猪。天旱时，小孩被大人绑着腰吊下十几丈深的井底淘点救命水，经常有妇女要跨海到对岸的云霄洗衣服，有些地方甚至把淡水作为陪嫁品……缺水，给人民的生产生活带来极大的困难。

1955 年，谷文昌担任东山县委书记之后，把解决水利问题看成是改变全岛“一穷二白”面貌的关键之一。他发动群众采取挖塘凿井、坡地围塘、山坑建水库、水沟建闸、开发地下水等措施，兴建了一大批水利工程，从根本上排除了干旱之灾。

1955 年至 1956 年间，东山就开建西山岩水库、岩丰水库，同时依靠集体的力量找水——

先是在宅山村打了第一口可以灌溉周边两三亩地的十几米深的水井！望着地下源源不断冒出的清水，群众乐了：“水井拓宽成水塘，取水不是更方便？”于是，水井被拓成七八米宽、六七米深的水塘，周围砌上石头，留有石阶梯便于取水灌溉周边农田。

谷文昌抓住这个典型，在宅山村召开全县社队干部现场会，挖井开塘迅速在全县推开，提出的目标是“十亩一井”。

谷文昌（右一）在宅山村与群众一起劳动

有了目标，有了方向，东山人民奋发图强。

东山地软沙多，许多地方挖到井底，流沙一冲击，井岸一下崩塌了。人们总结经验：挖井要一气完成，用石头马上加固井壁！于是，他们日夜不停，点灯夜战，谷文昌作表率，各级党委领导同志奋不顾身，带头跳到井底，踏着流沙，挖井垒石。村民们纷纷拿来家里提水的用具，排除流沙，终于开挖成一口口石井。

由于没有河流湖泊，一下雨，天上的雨水往下落、山上的洪水往下流，东山地面迅即积水成湖。水造了孽，然后哗哗地往海里流走了。如何截住雨水洪水，兴利除害？谷文昌听从群众建议：平原地区的小溪沟按地形和落差分级筑坝建闸蓄水；丘陵地区则利用凹形的小山坑拦截流水，积水成山围塘。随后，全县大举建设水库：龙潭水库、红旗水库、冬古水库……

然而，1962 年 10 月以来，东山 250 天没下一场透雨，全县地面水干涸，93% 农田受旱，人畜用水困难！

林泽传回忆，发生在 1963 年的干旱是东山历史上罕见的奇旱，从上年冬季开始，连续三个季度没下过透雨。林泽传说，“查阅《东山县志》，追溯到明洪武长达 570 多年还找不到如此奇旱的记载，可以说这种奇旱是史无前例的。”这场数百年不遇的旱灾，使整个海岛像个“火烧埔”，天旱、地旱、人也旱。

在 1962 年冬季旱情初露时，谷书记就同县委领导一班人下乡发动群众挑水冬种，力争减少损失。开春后，无情的干旱仍在不断延续和发展。4 月初，全县的水库、围塘、平塘和其他水利工程 15000 多处全部干涸。泉水枯竭了，池塘龟裂了，地里的庄稼大部分枯死了。面对“旱魃为虐、如惔如焚”的灾情，谷文昌没有屈服，而是迎难而上。“天上无雨地上找，地面无水地下挖！”谷文昌带领东山干部群众满山遍野找水，凡山形低洼的地方、野草繁密的地方，都看一看，探一探……有一天，两位干部到官路尾大队察看旱情，发现沙滩上竟然有水冒出来，回来汇报，谷文昌喜出望外！

省地矿局白工程师被请到东山开技术讲座：《怎样寻找地下水》《开发利用地下水应注意的问题》。省地质队被请到东山勘探，在普查地质时，发现梧龙大队海滩地下水源丰富，竖井打下30—40米，清水源源不断！

“可是，持续用柴油机抽水，成本太高，再说，水抽出来了，通过什么渠道来引导？那么，井不打那么深，开人工河让地下水现身行吗？”谷文昌陷入了沉思……

秋风怒号，谷文昌带着干部群众抡起铁镐锄头，在湖尾大队后的沙坡上挖掘，他晚上不回家，就睡在地头！几千人干了六七天，很快挖掘了一条东西向、长1000多米，深5—6米、面宽20—30米的人工河。可是，沙地蓄不了水，十来天后，河道里的水泄漏，河道两边的沙下滑，大风又卷着飞沙往河里填，人工河靠海边的一段很快被埋没了……

怎样才能得到沙漠甘泉？

有人提议：往沙滩里埋水管，想办法挡住沙粒，让水渗入管道。于是，谷文昌请双口山瓷厂试做了条80米长、10公分粗的瓷管，上面钻洞洞，外面包茅草棕片，埋入沙里试试：效果不错。快，趁热打铁！新制的管子直径扩大到80—100公分，再次埋入沙里，可是，不出水了。

谷文昌带着一名技术员，下到六七米深的渠沟里，低头弯腰钻入又黑又潮又闷的管道，匍匐着向前探索：他打着手电筒上下左右仔细查看，用手在管壁上下左右反复触摸，然后一身污垢地钻了出来：原来是洞洞都被沙粒堵住了。

艰巨的任务交给了县建筑公司，要求做出合格的滤沙管。谷文昌对公司书记杨勇说：“你搞成功，我开一个大会表扬你！”

建筑公司成立了由老工人组成的滤沙实验组，到东门屿运来沙砾，与水泥配比例制管，可是，沙砾少了，水透不进来；沙砾多了，细沙和水一齐漏进水管；沙砾更多一些，干脆无法与水泥结合成型！

实验失败了几十次。白天干，夜里点汽灯再干。

谷文昌来到工场。工人们浑身大汗，手脚上沾满水泥。

“很难啊……”工人们说。

“不管花多大代价，都要成功。成功了，沙地里的水才能取出来啊！”谷文昌说着，脱下衣服和工人们一起干开了……

最终，老工人陈福探索出一个办法：水泥浇水后反复打浆，打得黏稠了再渗入沙砾搅拌。如此制造，沙砾和水泥凝结在一起，管子既坚固，又有极其微小的缝隙。这样的水泥管埋入沙滩后：无孔不入的水，慢慢地渗入了管内，而细沙钻不过比自身体积更小的缝隙，于是被排斥在管外！滤水拦沙的效果达到了，中国首创的水泥滤沙管在东山实验成功！

湖尾地下水管网安装现场

1963年12月，湖尾长约4公里的地下引水工程建成，共埋设集水卧管3350米，挖填沙18万多立方米，每年可利用水量为120—180万立方米，有效地解决了康美、樟塘两个公社8个大队4500亩农田的灌溉。

湖尾地下水工程成功以后，经验在东山推开，湖塘、白埕、后姚、梧龙、探石等地先后埋设地下水涵道13条，总长达13914米，改善灌溉面积达10150亩。

1964年5月，国家地矿部在东山召开了全国沿海省份地下水开发利用现场会，介绍东山的找水经验和当时全国最大的地下水工程的建设经验。解放军总参谋长罗瑞卿来东山视察部队，住在县政府，在听取东山汇报抗旱在沙滩找到并滤出地下水的情况后，当即赴实地查看，认为这个创举对我国西北地区的国防建设也很有意义。

在谷文昌任县长、县委书记期间，东山全县一共兴修了22座水库、705个永久性水利工程、800多个临时性水利工程，东山形成了地面库、塘、井、坝、闸、棣星罗棋布，地下沟、渠、管纵横的水利化新格局。东山从此水美田丰，不再受旱涝之苦，为后来东山的全面发展，奠定了坚实的基础。

哪怕是冒着一定的“风险”，只要谷文昌认准了，就一直咬住一直做下去。一直以来，东山没有一座像样的人民会堂，开大会传达贯彻上级精神、开展大型文化活动也不方便。谷文昌一直有一个心愿，建一座人民会堂，让群众有一个文化活动的中心，让全县有一个开大会的场所。他通过扩大盐业生产，终于积累了40万元，于1961年春季，动土兴建东山县人民会堂。会堂建筑面积3715平方米，前立面为三层楼结构，中厅高18米，会议厅

湖尾地下引水工程建成，有效地解决了康美、樟塘两个公社8个大队4500亩农田的灌溉

面积1020平方米，座位1794个。这在当时龙溪地区是最好的会议、文化场所。为了节省开支，县委还组织机关干部参加建设，谷文昌也经常到工地了解工程进展情况。经过一年多的施工，会堂的主体工程建成，只剩最后封顶了。就在这个时候，上级要求减少基建投资，停建楼堂馆所。此时，谷文昌想到即将封顶的人民会堂，是停下来还是加快封顶？如果停下来，东山每年夏季都有强台风来袭，前面的施工投入将前功尽弃，国家的财产将遭受重大损失；可如果加快封顶，将冒着“顶风搞基建”的风险。

面对两难选择，谷文昌思想激烈斗争着，上级虽然要求停建楼堂馆所，但对即将封顶的工程这一特殊情况是否属于停建范围，并没有明确的规定。具体问题具体分析，贯彻上级精神应该和实际情况相结合。然而，这个“结合”能得到上级的理解和认可吗？此时此刻，他深切意识到，实事求是，说起来容易做起来难，许多时候，并不是认不认识到的问题，而是敢不敢坚持的问题。

没时间再犹豫了，他找到有关负责人要求加快人民会堂建设进度，务必赶在台风来袭前实现封顶。

人民会堂施工紧锣密鼓进行。巧的是，台风与封顶后的会堂“擦肩”而过，人们终于松了一口气。然而，谷文昌却没能松下这口气。过后，东山兴建人民会堂的事受到上级的批评，谷文昌主动承担责任，多次向地委作检讨，并在县委召开的农村社会主义教育预备会上做了检查。谷文昌坚持实事求是、勇于负责的态度，得到东山干部群众的拥护，最终也得到了上级组织的理解。

1963 年 3 月 5 日至 8 日，中共东山县第二次代表大会在新落成的人民会堂召开。谷文昌代表县委在大会上作了《关于六年来工作情况和今后工作任务》的报告。当他看到代表们坐在宽敞明亮的会场，聚精会神地听着报告作笔记时，会心地笑了。

1963 年落成的人民会堂

时至今日，这座雄伟壮观的人民会堂不仅是东山的会展中心和人民群众的文化活动中心，更是东山人民的集体记忆。县委、县政府在这里部署工作；人大代表、政协委员在这里发表真知灼见；干部群众在这里观看丰富多彩的文艺演出；学子们在这里欣赏精湛的书画、摄影展览；孩子们在这里聆听长辈述说谷文昌爷爷的故事……

“为官不为民着想，革命要干啥”

“干实事者最为民，甘为民者最任事”，因为人心是最大的政治，担当是最大的责任。身为东山人民的“父母官”，谷文昌的目标不仅在于治理好风沙，在攸关百姓生存生活的问题上，他一件接着一件干，一件一件干好，一件一件造福东山人民。他说：“为官不为民着想，革命要干啥。”

岐下村位于东山县陈城镇西南端，全村共有 800 多户 3000 多人，面积 6.5 平方公里。由于海潮多年的侵吞挤占，陆地面积逐渐萎缩，这个历史悠久的村庄几成孤岛，进出全靠乘船，民谚说“岐下窟，有入无出”。

为了解决岐下村等海湾村庄的交通问题，县委、县政府的领导同志在反复听取群众和技术人员的意见，经过充分酝酿讨论，决定修一条海堤！把海岛与大陆连接起来。

筹建海堤前，谷文昌同当时龙溪地委下派的县委第一书记郭景周一道，带着工地指挥及有关人员，多次坐小船下海，从港口村划到西崎村反复勘察，为筑堤选址，确定建设方案。

1958 年，西港海堤修筑工程启动。

先是用人工打桩夯土，建筑土堤。可是，一阵太平洋涌来的恶浪，汗水凝成的 200 多米土堤被刷平了。

在挫折面前，谷文昌召集大家总结经验，寻找失败原因：土堤不行，咱沉石垒石，筑造石堤！

谷文昌常上工地，一边激励大家“鼓足干劲，力争上游”。一边亲力亲为示范打石头，怎么使用长钎、铁锤，怎样开、怎样劈，在他的指导下，许多人学会了打石。

在谷文昌的鼓舞带动下，大家热情高涨。1959 年 8 月 23 日晚上，大堤刚刚合龙，突然遇到台风来袭，合龙口附近被风浪撕开了四处裂口，海堤随时可能崩溃！危难关头，在场的近千名民工奋不顾身跳到水里，挽手并肩组成几道“人墙”护堤，附近乡镇的农民闻讯连夜赶来支援，奋战了一个晚上，终于化险为夷。

经过两年艰苦的奋斗，西港海堤终于建设成功！岐下等 7 个村庄从此交通便捷。有了建设西港海堤的经验，谷文昌又将目光投向八尺门。

东山岛地处福建东南海域，四面环海，滔滔的海水无情地阻隔海岛与大陆的连接，交通很不方便。居住海岛的人们到大陆只能坐渡船，但“行船骑马三分命”，海上不时发生船翻人亡、船翻货沉的事件，曾有九位妇女结伴过海到云霄捡柴火，船翻了，九女沉海，其中一个带着身孕……滔滔的海水酿成了一场场人间悲剧，击碎岛上群众一个个甜美的梦，人们无奈地面对波涛怒吼的大海，自叹投胎岛上“三分命”。多少年来，岛上的群众一直期盼能有一条长堤连接大陆，让孤岛变成半岛，然而，一年复一年，梦还是那个梦。

1959 年夏天，谷文昌到后林大队指导工作，看到岛上的居民排着长队等候渡船接送，摇橹前进的渔船在风浪中颠簸起伏。他陷入沉思：不修筑一条直通大陆的长堤，很难发展海岛的经济。而在 1953 年的东山战斗中，八尺门这一天险，曾给增援的部队带来不小的麻烦，这艰难的一幕，也在谷文昌的脑海里浮现。

“无论是民生需要，还是对敌斗争、国防军事上的需要，这座海堤必须要修建起来。”想到这里，谷文昌指着大海，对身边的干部群众说：“我们一定要号召全岛人民征服大海，在海上筑起一条海堤，让咱们东山岛与大陆连接，大家往来自如，促进海岛经济发展。”听到谷文昌书记这番话，在场的群众高兴地喊起来：“咱们世世代代的愿望要实现了，今后大家不用为渡船的事犯愁了。”

回到县委，谷文昌立即与县委、县政府领导讨论，当即作出决定：修筑海上长堤，以促进海岛经济，扩大对外联系，解除群众舟楫之苦。随后，谷文昌带领技术人员到八尺门勘测，下水测量水位，与技术人员设计海上长堤。那时，海岛经济不发达，修筑一条长堤谈何容易？有人开始打退堂鼓，私下找谷文昌，要他放弃这个计划，等将来经济搞上来，再修筑长堤。谷文昌坚定地说：“人民的需要就是我们的工作，我们要克服困难、勇往直前。当官不为民着想，革命要干啥？”他亲自拟写请示报告。

报告很快得到上级领导的批准和支持。1959 年 12 月，福建省政府决定建八尺门海堤，并由国家拨款，福州军区、龙溪军分区全力支持，由福建省水电厅设计院负责设计。

谷文昌亲自担任建堤领导小组组长；县长樊生林吃住在工地，坐镇指挥；何荣玉任工程副指挥，常驻工地……1959 年 12 月，八尺门海堤动工了，浩浩荡荡的筑堤大军向“天堑”开战了。

八尺门海堤建设工地场面

海潮湍急，大家倒下的沙石顷刻间消失得无影无踪。谷文昌再次赶到现场，鼓舞士气。随后，阵阵呐喊声、加油声响彻工地，一车车沙石、一块块石头、一袋袋沙石滚滚倾泻而下……海水的冲击被震住了。在筑堤工地上，谷文昌同农民一起肩挑重重的沙石，与群众一道扛石板，与坐镇指挥的县长樊生林、工程副指挥何荣玉、施工技术人员等一起研究筑堤方案，解决难题，指挥大家填海筑堤。回忆当年筑堤的壮举，不少老人们仍十分感慨：没有当年谷文昌筑堤的决心，就没有今天的八尺门海堤。

汗水挥洒，上万民工、机关干部、部队官兵出力流汗一年多，一条底宽 110 米，顶宽 13.6 米，高出水面 5 米、水底最深

18 米，全长 620 米的海堤有如飞虹，在海峡间跃起。出入八尺门，结束了靠渡船的历史，孤岛变半岛的梦想，实现了。

1961 年 6 月，东山从此与大陆连接。50 多年来，“海峡飞桥”八尺门海堤为东山社会经济的发展做出了巨大的贡献，直至东山建起新的跨海大桥。

20 世纪 60 年代建成的八尺门海堤原貌

东山是一个海岛，风高浪急。解决天堑变通途，只是第一步。为了世世代代东山人的生命和财产安全，谷文昌再次把目光投向防潮堤建设。

东山城关南门到澳角尾一带，位于著名的铜山古城城下，自古商店辐辏、民居栉比，鱼汛之际，咸水潮头，渔丰人欢。明朝初年，东南沿海饱受倭寇袭扰，明洪武二十年（1387），江夏侯周德兴奉朱元璋之旨，到福建沿海修建防倭城池，铜山城为其中

12 级台风正面袭击东山，南门澳大浪滔天

之一。在修建铜山城的过程中，“乌礁石”被一一打掉，作为建城的条石，砌进了铜山城的城墙中。从此海水长驱直入，不断侵蚀着南门湾的土地。据史料记载，南门海堤到澳角尾海一带，清朝道光年间尚有康庄大道，商业繁华。到了 20 世纪 60 年代，不到一百年时间，已经全部因为海浪侵蚀长眠于海底，这是真正的沧海桑田。海浪犹如一把锐利的尖刀侵蚀切割着铜山古城的咽喉，使古城的南门和西门之间仅剩 200 多米的陆地，风浪滚滚，一步步逼近岛上人民的田园居所。

1962 年 9 月 1 日，12 级强台风正面袭击东山，南门澳首当其冲。其时暴雨如注，大浪滔天，南门古石墙轰然崩溃，惊涛骇浪由决口涌入，瞬间大树被拔起，大石被掀翻，一座座民房在大潮的冲击下战栗、垮塌……

谷文昌赶到南门澳，眼前一片断壁残垣，海浪翻腾着，水面上漂浮着船板、铺板、家什，耳边是百姓的哭号……谷文昌全身湿透，他脸色铁青，双眉紧锁，痛下决心：建堤拦潮，造福百姓。

回到县里，谷文昌召开专题会议研究建设南门海堤，成立“东山县南门海堤建设指挥部”。谷文昌在会上说：“目前国家经济困难，建设南门海堤面临资金、技术、施工三大难题。但办法总是人想出来的，艰苦奋斗，自力更生，这才是共产党人应有的精神！”

在县委的号召下，“修建海堤，人人有责！”“民办公助，勤俭建堤！”的口号响彻东山。南门澳所在的铜陵镇从各渔业大队抽调出 30 多名水性最好的青壮年组成“青年突击队”，妇女、老人、少年也组成了“穆桂英队”“黄忠队”“罗成队”，浩浩荡荡开到工地，掀起了建设高潮：班组之间开展劳动竞赛以提高工效，现场召开“神仙会”以解决技术难题，总工程师全程跟踪以监督工程质量……在 1963 年台风季节到来之前，南门海堤

卧龙般的南门海堤拦住了狂风巨浪，为保护人民的生命财产发挥了重要作用

主体工程按质按量胜利完成，成功地抵御了第一个强台风!

此后的50多年，这道坚固厚实的海堤坚守在东海岸边，成功抵御住无数次台风和天文大潮，护卫着2200亩农田，1300多户城镇居民，成为当地人民的“生命堤”。

“如果不是谷书记修建了南门海堤，这个古城或许早被大海分割成两个板块。”亲历过海堤工程建设的退休干部陈炳文说，谷文昌勇于为百姓谋福利，不搞形象工程，这一点在当今社会尤为珍贵。尤其令陈炳文感动的是，1964年南门海堤工程竣工后，建设指挥部有人打算立碑作为纪念，但被谷文昌否决。“他一直强调的是，金杯银杯不如群众的口碑。”陈炳文感慨道。

“共产党如果不为群众办事，群众还会拥护我们吗”

为进一步改变东山的面貌，实现长远为群众造福，谷文昌把目光继续投向围海造盐田、修公路、兴教育、办文化等一批东山的民生短板上。那时，东山的这些民生项目几乎一片空白。他说：“共产党如果不为群众办事，群众还会拥护我们吗?”

东山海岸线长，海湾多且广阔平展，滩涂资源十分丰富，当地群众又有晒盐的技术。为了解决财政困难，增加集体收入，谷文昌发动群众围海造盐田，发展盐业生产，让大海为民造福。

1955年，谷文昌争取国家投资3.8万元，在兴建双东围垦工程围海1000亩的基础上，建起了第一个地方国营双东盐场。

大产海滩人称“败家滩”，几百年来曾有许多人试图围垦，

围海造盐田，1960 年建成的西港盐场

但最终都倾家荡产而没有成功。1958 年至 1959 年，在谷文昌的带领下，东山依靠群众的力量，国家和解放军的大力支持，克服了沙软水多、基石下沉等困难，在大产海滩筑起 750 米的巍巍石堤，扩大盐田 41 公顷。在此基础上，1958 年，谷文昌又发动群众建设西港海堤，至 1960 年年底，堤内垦造盐田 180 公顷，成立第二个地方国营东山县西港盐场。1964 年谷文昌调离东山时，东山的盐田面积已经由解放初 40 多公顷发展到 400 多公顷，盐产量也从 4 千多吨增加到 9.7 万多吨，盐税归国库。当时的省领导赞扬：东山是税收贡献大的穷县！

在带领群众围海造盐田的同时，谷文昌又发动群众“以海为田，向海域进军”，推进养海带、紫菜等水产养殖业，发展多种经营，改革渔机具，把木帆渔船改成机帆船等，扩大渔业生产，增加集体和群众收入。东山的地方级财政收入短短 5 年内增加了 8 倍，为经济和社会发展奠定了良好的基础。

“利民之事，丝发必兴；厉民之事，毫末必去”，百姓心烦事就是大事要事，就是谷文昌工作的发力点。

这个烦心事之一，就是解放初期东山还没有一条像样的公路，百姓出行困难。

建盐场改进渔业生产，开拓了财源，有了钱，谷文昌开始向“路”进军。1953 年东山保卫战后，修了西埔到八尺门的公路；1956 年，修了西埔到陈城、澳角的公路……1958 年起，开始大规模修建公路、大道。截至 1964 年，东山新建公路 50 公里，大车路 140 公里。平坦宽阔的公路四通八达，各公社和 80% 的村庄都可以通汽车。路通了，东山迅速添置了 1300 多辆胶轮车，普及到每个村庄，东山农民结束了运肥、运货光靠肩膀的年代。谷文昌兴奋地描绘起东山的远景：县里有主干道，村与村之间有公路，公路两边造林，树林里面找村庄……

20 世纪 60 年代初实现村村通公路

兴文重教、繁荣东山文化，是谷文昌又一项担当。

解放初期，东山没有一处文化娱乐场所，电影、戏剧都是露天演出，文化教育落后，儿童小学入学率仅为40%。

东山群众爱看潮剧，谷文昌支持组建县潮剧团。刚组建的潮剧团武功不过关，他便从老家请来河南梆子戏的武功师傅教耍棍子、耍刀枪……潮剧团走上正轨后，谷文昌要求他们经常下乡演出，保证农民一个月至少能看一场戏。

20世纪五六十年代，一般的县城人都不知电视为何物，广播却能够走进千家万户。农村文化生活缺乏，谷文昌便下决心普及农村有线广播网。

1962年，听了上省城开会回来的同志传达了省广播会议精神后，谷文昌要求东山创建独立的广播网。

创建费用需要10万元，县财政没有钱。

“这样，一个公社出1万元，其他的3万元叫盐业管理处出。”谷文昌说。

县财政预算股到下面转了一圈回来汇报：好几个公社都没有钱。盐管处可以出7万元，不过有个条件：要求每个工区挂一个喇叭。

问题很快就解决了。1962年，东山成为福建第一个普及农村广播网的县份！

广播很快就成为东山百姓的朋友。

随后，他还在全县七个公社各建立一支农村电影队、一所卫生院，文化卫生事业在东山逐步发展起来。

1950年东山岛解放，东山当时的教育还十分落后，全县只有一所创办于1941年的初级中学，规模小，设施落后。

1952年12月，担任县长的谷文昌认为，事业要发展需要培养大批的建设人才，就要办好教育。他主动请缨兼任福建省东山中学“校长”。他不是只挂个名，而是对学校的工作事必躬亲。他将常在报上发表文章的朱旭辉调过来，担任主持工作的副校长。学校没有电灯、电话，他立即通知县财政科拨专款，接通电话专线，并协调刚开办的东山华侨电厂为学校接通照明专线。学校师资匮乏，他从漳州等地调入具有较高学识水平的老师。在“校长”谷文昌的努力下，东山中学逐步适应了“完中”的要求。1957 年，谷文昌又启动兴建“福建省东山第一中学”。建成后的东山第一中学，为国家输送了许多建设人才，如今已是闽南地区一所重点中学，声名远扬。

“不准在东山饿死一个人”

在困难时期的紧急关头，关键时刻，当时作为县委书记的谷文昌坚定地站在一线，当好困难群众的中流砥柱。

三年困难时期，由于缺粮，东山约有 20% 的群众患了水肿病，脚杆上一按一个深窝。谷文昌心如刀绞，他反复强调：“革命的目的，生产的目的，都是为了生活的问题，如果我们不关心群众生活，就是没有群众观点，就无所谓革命。”谷文昌用坚强的臂膀，担当起全县人民生存的重任，他立下军令状：“不准在东山饿死一个人!”。

1960 年是粮食短缺和饥荒最严重的时期。东山多数生产队的食堂，一餐保不了每人一两大米，而各家各户农民的粮仓，早已经空空荡荡……

1960 年，谷文昌（左一）在湖尾村检查地瓜生产的情景

这个时期的谷文昌，为群众的生活操碎了心。谷文昌忧心如焚，骑着自行车四处奔波。他患有胃病、肺病，身体本来就不好，再加上营养不良患上的水肿病，常觉得眼前发黑，天旋地转，但一听说群众受苦，他顾不得自己的身体，马上赶到现场。有一次，听到反映说坑北大队一些群众吃了食堂饭菜后腹泻严重，他急忙和县委秘书朱炳岩一道赶去，途中虚脱，一头栽下自行车，额头黄豆大的汗珠直滚，脸在沙地上擦破了，殷红的血珠直冒。朱炳岩扶他起来在路边的石头上稍坐片刻，他又坚持推着自行车，拖着沉重的脚步，一步一步走到了坑北看望群众。

为了东山人的生命，谷文昌豁出去了——

他向地委、行署争取调拨 1000 吨粮食。

为了多交公粮，樟塘公社只给每人留下 80 斤粮食，显然不够一年口粮。谷文昌根据实际情况，将这个公社当年的征购粮由250吨斤减少到190吨，征购任务减少了，群众口粮就增加了。

他要求渔业部门向受灾群众每人出售几十斤鱼，盐业部门向群众供应低价盐。

他派出全县卫生院的医生、护士组成巡回医疗队深入农村，采取紧急措施救治水肿病人，发药丸给患者吃，用火炉煎草药让患者出汗消肿……

面对挨饿的群众，谷文昌提出渡过难关的对策：大种蔬菜，以菜当粮；提出确保活命的底线"三三制"，即各个食堂保证做到每餐至少供应每人一两大米、一两地瓜干、一斤小白菜。

春夏之交，青黄不接。相较生长周期较长的稻谷地瓜，蔬菜尤其是小白菜种下十几二十天就可以收获，这是救命的食品。谷文昌说："人是离开不了菜的，没有菜，天天喝地瓜汤，是多么单调，况且现在也保证不了一餐几两地瓜丝。不种菜，社员怎么能吃好吃饱呢？关于种菜问题，表象上是种菜，实质上就是种粮，有了菜，生活就好办，也不怕饿肚皮。"

4月27日的县委扩大会上，东山县委号召"立即在全县开展人人种'百株瓜、千株豆、三分菜'运动"，强调确保每人3厘好菜地，一毫不能少！

东山是海岛，群众没有种蔬菜的习惯，为了组织农民抢种蔬菜，东山县干部全部下基层，各个食堂都成立种菜专业队。

谷文昌要求干部下乡"种前抓思想，种时抓面积，种后抓高产，收时抓用量，同时帮助解决劳动力、种子、肥料、技术等具体问题"。

谷文昌提出："食堂还不能供应社员吃菜的，不要收回自由地！”由生产队分一些土地给个人，“自由种一季”，“把厕所还给农民，让农民在房前屋后开发种地瓜等农作物”。

好心人劝谷文昌小心背黑锅、拔白旗，可是为了东山人的生命，他顾不上这些了。他说：“几年来为什么有些群众热衷于搞自留地，搞副业，甚至少数搞投机、黑市，归根结底还是为了过好生活。人要吃饭吃菜，我们没有搞好，他们有后顾之忧……”

在8月16日的县委扩大会上，谷文昌说：“‘以农业为基础，以粮为纲’的方针，就是要使全国人民丰衣足食……让全县63000个农民吃饱吃好，社员生活有保证，人心就安定，干劲就足，相应地也就推动了生产。这是一个最通俗、确切、科学、普遍的唯物主义的辩证真理。”

在10月10日的县委四级干部会议上，谷文昌说：“关心群众疾苦，这是我们党一贯的优良传统作风。临阵退缩想把生活担子往社员身上推，是不对的，错误的，应该勇敢地挑起来！”

谷文昌还亲自冲到一线，带领大家渡过难关。1960年春夏之间，谷文昌到樟塘公社樟塘大队蹲点，一蹲就是两个多月。在这里，谷文昌帮助各生产队规划土地种植，种上生长期较短的小白菜，以补充食堂粮食的短缺。不久，谷文昌将樟塘经验在全县推广。

谷文昌在樟塘第五生产队公共食堂与社员一起用餐。“吃饭时每人端一个粗糙的陶制砵子盛饭，早餐是稀稀的地瓜丝饭，中晚餐则是他提倡的‘三三制’。配的菜很单调，或咸萝卜，或咸菜，或咸海瓜子，天天如此。”宋秋涓当年曾跟随谷文昌一起在樟塘蹲点，他回忆说。

那些日子，谷文昌眼窝深陷，满脸倦容，双腿浮肿，却坚持一个社队一个社队跑，一线落实菜是否种起来，各个食堂是否实行“三三制”。

因急、因累，他发起高烧，几天起不了床，但烧一退就问身边的宋秋涓：“秋涓啊，樟塘各队菜种下去没有？种菜专业队人落实没有？”

因饿、因病，他腹部经常疼痛，疼得受不了就蹲在椅子上用手顶住腹部继续开会，旁边的群众劝他休息，他总说：“没事没事，哪里疼顶一顶就行了……”

就这么硬顶着，开展生产自救一个多月里，东山人民开荒种地瓜、种菜 1115 亩；就这么硬顶着，到了 1961 年，东山全县实现种菜 2789 亩，每人每天能吃菜一斤多，还有余菜供应外地。就这样，谷文昌终于跟广大社员一起，顺利渡过了中华人民共和国成立后不久遭遇到的最艰苦的困难时期。

“国民党造灾，共产党要救灾”

对于复杂的社会形势和问题，有人选择“只要不出事、宁愿不做事”的心态，对现实尖锐矛盾问题“冷眼旁观”，但谷文昌不同，他敢于站出来。

东山岛位于福建南部，与台湾岛最近的距离不过几十海里。1950 年 5 月，解放前夕的东山岛遭受了一场史无前例的“兵灾”：溃败的国民党残余部队从东山抓走了 4700 多名青壮丁去台湾，使得东山留下许多日夜思儿的老人、独守空房的少妇、无依无靠的孩子。

“抓丁”浮雕

当时的东山，社会治安形势严峻，敌我较量错综复杂。如何正确对待这批家属、姻亲、朋友遍及全岛的特殊群体，考验着我们党的智慧。

早在东山解放前，县委班子包括谷文昌等三个区的书记，已就如何对待“被抓壮丁”家属这个敏感问题，迈出了关键的一步。

1949 年 10 月底，刚组建不久的中共东山县工作委员会和东山人民政府工作队带领接管干部进驻云霄，准备进入东山。时县委班子由郭丹书记，张书田县长，申宝成公安局长三人组成。“县委深入了解东山人民群众的生活情况，根据国民党军大规模抓壮丁给东山群众带来的灾难，将被‘抓壮丁家属’定性为‘兵灾家属’，作为进入东山后发动和依靠群众的政策。”2017 年 3 月，王虎在写给林周发的信中说，在“兵灾家属”政策的形成过程中，“三个区委的同志们（城关一区区委书记谷文昌、西埔二区区委书记王虎、前何三区区委书记罗全贵）都反映了情况，提出了相关的建议”。

作为首批随军进驻东山的干部，林嘉也在云霄参加了县委组织的“青干班”学习，对当时县委的这个决定也有所了解，在随后进驻东山开展群众工作中，能按照县委这个政策执行。“但仍有部分基层干部对政策的理解不够准确，在具体执行中出现一些偏差，把‘兵灾家属’视为敌对势力。”林嘉说。

《中国共产党东山历史》中的记载也印证了林嘉的说法：一些干部群众将这些人视为反动社会基础，对他们加以严密监视，有歧视他们的做法。这些国民党兵（壮丁）家属，也觉得在政治地位上低人一等，思想顾虑多，甚至连他们的亲属，也不愿或不敢和他们往来。

铜钵村的刘阿婆年纪轻轻就守了寡，好不容易把儿子拉扯大。儿子成家后很快就有了孩子，一家子其乐融融，尽享天伦之乐。谁知一天夜里，溃逃台湾的国民党军队把刘阿婆的儿子抓走了，从此一家人天各一方。刘阿婆年事已高，孙子年幼不懂事，家里的重担全都压在儿媳妇一人身上。儿媳妇虽然毫无怨言，可一个女人家真的是忙不过来，特别是农忙时节，即使连刘阿婆和孙子一起下地，也不能按时收割。谷文昌下乡了解到这个特殊的情况后，特地赶来帮忙。谁知刘阿婆把他挡在了门外，“您是好人我们知道，可我们是‘敌伪家属’，不敢连累您啊!”谷文昌被深深触动了：这些劳动人民，贫苦人家，难道真的是所谓的“敌伪家属”吗?

进入东山岛半年后，谷文昌担任县委组织部部长，后又成为县工委 5 人小组成员。因此，对仍存在的“敌伪家属”现象了解得更多了，也更加深切地认识到这个问题必须尽早解决。所以他不仅在工作岗位上尽其所能地处理好与“敌伪家属”关系问

题，更是抓住机会提出解决方案。

《中国共产党东山历史》这样记述：县工委成员谷文昌在了解被抓壮丁家属的诸多苦楚之后，觉得应当首先在政治上对所谓的“敌伪家属”加以重新定位。

“壮丁们是被捆绑走的，他们的家属是受害者，共产党应该救灾。”在谷文昌等多位领导积极推动下，中共东山县县委再次统一了认识，同时决定对“兵灾家属”政治上不歧视，经济上平等相待，困难户予以救济，孤寡老人由乡村照顾。“大约是1952年年底，已任县长的谷文昌来到城关区（铜陵镇）召开会议，代表县委郑重宣布：‘这些人是我们的阶级兄弟，是我们的朋友，今后一律称‘兵灾家属’，对他们不能歧视，有困难我们要帮助他们’。”林嘉回忆，他当时是县工商科科长，挂钩城关区工作，也一道参加这次会议，现场听取谷文昌代表县委的传达。

在一份时间落款为1954年11月11日的中共福建省委宣传部的通报文件中，对东山“广泛宣传我党我军的宽大政策”给予肯定，评价“可供各地进行这一工作的参考”。

“一项德政，十万民心”，这些家属对共产党亲上加亲，她们说：“国民党抓走亲人，共产党却把我们当作亲人，哪怕死了做鬼，也愿为共产党守岛。”

在随后1953年的东山保卫战中，许多“兵灾家属”踊跃上前线，有许多人成了英模。石坛村妇女刘杏就是其中的一个。

1953年7月16日凌晨，石埔村东面的虎山战斗十分激烈。一大早，刘杏和2位妇女要给山上的解放军送开水，刚走出村外几十米，就发现了腿脚受伤倒在草丛里的3连通讯员郑来成和头上、眼睛流血的战士吴品火。刘杏连忙喊来姐妹们帮忙，迅速将2名战士背回家里。这时敌人已进村挨家挨户搜查。“怎么办呢?”她急中生智，先将吴品火背上二楼藏在柴草里；又用肩膀奋力顶起了郑来成，将他藏到一张古床的最上层，之后将房门上锁，到邻居家观察动静。果然，3名国民党兵很快就过来了，一边用枪托敲门，一边喊道“里面有人吗?快出来，不然要开枪了”。刘杏沉着应答：“阿兵哥，这家人都外出，里面没有人，我不骗你们。”刘杏还透过窗户告诉屋外的国民党兵，自己的丈夫也在台湾当兵。就这样，刘杏先后5次支走了国民党兵，保护了解放军战士的安全。两天时间里，刘杏共营救了4名解放军伤员。

“兵灾家属”为坚守阵地的守岛部队送弹药

1953年东山保卫战后，随即要评选保卫战战斗功臣。在评选中，作为保卫战功臣评选组负责人的谷文昌碰到一个更加棘手的问题。在这些功臣预选人中，居然有“黑五类”子女！如东山八少年之一的李毅君。

城关地区的英雄八少年，在敌人占领东山县县城后，她们秘密集会，商量怎么和国民党兵展开斗争；她们冒着生命危险到处张贴标语，打击敌人的嚣张气焰，鼓舞人民的斗志；她们还在国民党兵打开合作社大门，把公家的财产散发给极少部分落后群众时，悄悄作了记录，等解放军回来后报告，谁谁拿了公家的东西。李毅君在战斗中与其他少年一样，冒着生命危险和敌人作英勇斗争。

她们的出身是实实在在的，她们和敌人英勇斗争事迹也是实实在在的。可是有人认为：她们虽然和敌人作斗争，但是她们的出身不好，要把她们评为战斗功臣，可是要冒政治风险啊！谷文昌认为：她们都是在严酷战斗中考验出来的英雄，为什么不能评功臣呢？作为评选组的负责人，谷文昌在《东山保卫战功臣推荐表》上签了自己的姓名。就这样，包括刘杏和李毅君，和其他阶级出身的人一样成为英雄，而且根据功劳的大小，刘杏被评为一等功臣。

除了“兵灾家属”，还有一群被特殊对待的群众，他们的困境也急迫需要县委拿出办法，妥善解决，这时，谷文昌又一次站了出来。

1960 年一天，谷文昌在渔业大队调研时了解到一个重要情况，东山临解放时，被逃跑的国民党军队抓去当船夫的有 26 人。解放后，渔业大队渔民在海上作业时，被国民党军队在海上“抓靠”后放回来的就有 6 批 34 人。这些渔民回来后，并没有发现他们进行了任何破坏活动。然而，他们被没完没了地被审查，有的被安排举家内迁，没有安排内迁的也受到歧视，凡是当船夫释放的被称为“回归渔民”，凡是被抓靠受审的，都被叫作“回归分子”。干部怕丧失立场，把他们都看成是中了毒、不可靠的人，不敢接近他们，不敢信任他们，不敢培养他们。这些渔民觉得很委屈，存在抵触情绪。

这种简单粗暴的做法造成了严重的负面后果，不仅被“抓靠”的渔民人人自危，其他渔民情绪也不稳定，担心哪一天出海被“抓靠”，侥幸回来了又被内迁，两头担惊受怕。为了妥善解决这一问题，谷文昌找到了海防部部长兼任城关公社党委书记的李景棠，进一步了解情况后，神色凝重地对李景棠说：“老李，这样下去不行。对这些被‘抓靠’的渔民，我们应该看作是他们不幸的遭遇，对他们不得歧视。你们写一个报告给县委，要正确体现党和政府的政策，提出妥善的处理意见和建议。”

很快，一份报告送到县委。报告在分析情况之后，提出建议，认为把放回来的人员都一律看成是中了毒、不可靠的人，这是不妥当的，不应将其列为“回归分子”加以看守；凡是被抓捕放回来的人员，经审查和长期考察没有问题的，要信任他们，大胆使用他们。如属确有政治问题弄不清的，交给渔业大队出面审查，再审查不清，就放在生产上长期去考察他们；经审查有打击错了的，要通过谈话、道歉、释疑，消除他们的思想抵触情绪，并在职务上作妥善安置；以后凡是被“抓靠”放回的人员，一律由所在渔业大队出面，热情接待，严禁逼、供、讯。

对于海防部部长李景棠的这个报告，谷文昌代表县委及时给予肯定的批复并转发给各级党组织执行。在东山档案馆，还存有一份中共东山县县委发给各公社党委的文件，落款时间是 1962

年4月22日。文件写道：处理回归渔船民的问题是一件十分复杂的工作，必须十分慎重，讲究生产策略，分别对待，乱戴帽子，甚至用简单粗暴方法都是错误的，今后必须坚决制止，对以前已处理的回归渔船民应重新进行一次检查，对错戴帽子和处分错了的应该严肃认真的加以纠正，以利团结多数人。

这份文件的下发，对那些不幸被国民党军队“抓靠”的渔民来说，不啻是福音。他们感受到政府的关怀，感受到家的温暖。渔业大队渔民的情绪也很快稳定下来，而渔民人心的稳定，又有力地促进了渔业生产，支持了当时的海防斗争。

“能不能再进一步调查”

谷文昌的担当，不仅体现在为民造福上，在涉及具体干部的是非问题，他一样坚持客观实事求是，敢于为干部撑腰负责：给蒙冤干部说法，给“右派”分子出路……这在当时，是多么可贵的担当，是对干部的极端负责。

1959年夏季的一天，地委审干肃反复查办公室一位干部来到谷文昌办公室，把一份档案材料放在谷文昌面前：“谷书记，根据在省公安厅找到的国民党党员档案，我们发现东山县委组织部的一位副部长是国民党员。”来人从公文包里抽出一份材料，翻开其中的一页指着：“您看，这是国民党党员申请表，上面还有他的指纹。”

谷文昌有点惊讶，反问这位干部找当事人谈过没。

这位干部向谷文昌解释，已多次找当事人谈话，可当事人死活不承认，而且态度很不好，还拍了桌子！这位干部言之凿凿："表是原始的，指纹经过化验，也证实就是他的。一个搞组织工作的干部，对党隐瞒历史，问题很严重！"

对党隐瞒历史，真是个严重的问题，倘若属实，在当时轻则调离重要岗位，重则开除党籍！

谷文昌深思片刻，谈了自己的看法："这位同志出身很苦，平时工作做得很出色。在关系到一个同志政治生命的重大问题上，应当持慎重态度，千万马虎不得。"

谷文昌建议地委干部："能不能再进一步调查？"

地委审干办采纳了谷文昌的建议。重新仔细审查后，发现国民党员花名册中，很多是陈岱村的群众。

这是怎么回事呢？

原来，1947 年年底，国民党为了扩充势力，由云霄县党部书记带了一班人到陈岱村，演了 3 天所谓的"党戏"。他们拉起布围子唱当地人喜欢的潮剧，村民想进去看戏不用买票，但必须报个名字，盖个手印，工作人员则拿着保甲的名册在旁边核对。过后，这些报了名盖了手印的人，全都被填了表，列入国民党党员名单充数。当事人对自己成了国民党员的事，其实并不知情。审干办随即派人专程到云霄酱油厂，找到了当年国民党的那个书记，核实了事情的经过。

地委审干办再次找那位组织部副部长调查，终于搞清楚了事情的缘由：当年这位副部长还是个小青年，早年丧母，家境贫寒，靠摆个小烟摊卖烟维持生计。那天见进布围子看戏的人多，想着多卖点烟，于是稀里糊涂地按了个手印混进场内，没想到竟成了"国民党员"。查清事情真相后，谷文昌鼓励那位副部长放下思想包袱，好好干工作。

而对于“右派”分子，谷文昌态度鲜明：不能一棍子打死，要给他们活路。

1957 年夏秋之际到 1958 年年初的“反右派运动”，东山全县共有 36 人被打成“右派”，其中知识分子就有 35 人。由于当时全国的“反右运动”大形势如暴风骤雨般的开展，东山又地处海防对敌斗争最前线，使东山县县委对当时的阶级斗争形势估计得过于严重，也过于敏感，导致“反右派”斗争扩大化，一批知识分子、爱国人士和党内干部被错划为“右派分子”“中右”等。

在对这些“右派分子”的处理问题上，谷文昌坦诚态度，他在 1958 年 2 月 24 日全县干部会议上作《乘风破浪加速建设社会主义的新东山》讲话中说：“对‘右派分子’的处理，必须采取严肃与宽大相结合，可以不做反革命处理，只要他们不当特务，不再进行破坏活动，也给他们一点事做，也不剥夺他们的公民权，有的‘右派分子’可以当‘教员’。这样，就可以促使‘右派分子’分化，帮助其中愿意悔改的人逐步得到改造。应该看到，有些‘右派分子’是可以改造的，改造以后对人民还是有用的。”按当时的社会大形势，对“右派分子”是要打倒在地的，可是作为县委书记的谷文昌，却对这些“右派分子”以相当大的同情，并作了这么大胆的表态，需要冒极大的政治风险。谷文昌如此表态，使“右派分子”们无限感慨，也无限感激，他们放下包袱，悔意改造，成为一支建设新东山的重要力量。

敢于为干部仗义执言，谷文昌早在林县工作时，就是这样。1948 年 1 月，中共太行五地委在林县西部山沟里的桑园村召开了区委书记以上干部参加的整编会议，会议主题是“三查三整”，即查阶级、查思想、查作风，整顿组织、整顿思想、整顿作风。会议本来是要纠正基层干部中存在的作风粗暴、多占斗争果实和执行政策过“左”的问题，却又出现了“左”的倾向，会上许多干部受到了过头的批评和不应有的处分。林州市档案馆至今保存有谷文昌在会议期间的发言记录，发言中讲到：“该给干部撑腰，还是要给干部撑腰。”在当时的情况下，他敢于说出这样的话，是很不容易的。

“县委不能推卸责任，也不能推诿”

“人非圣贤，孰能无过。”在带领广大人民群众干前人没有干过的事业，摸索的过程中出现失误不可避免，本无可厚非，但谷文昌的可贵之处在于，面对失误，他敢于承认，敢于担责，不推责诿过。

“下面违法乱纪，县委是要负责任的。”

“我们的作风不纠正，不利于生产，不利团结，不利党的事业。”

“只要对百姓有利的事，哪怕排除万难也要做到；凡是对党的威信有害的事，哪怕再小也不能做。”

……

今天，翻阅50多年前的东山县县委会议记录，尽管纸张已经泛黄，字迹开始模糊，但掷地有声的话语依旧能给人带来震撼。

还属于困难时期的1961年10月，谷文昌在县委扩大会议上作三年工作总结发言时就说："三年中，在执行人民公社政策所犯的错误，归纳起来有四不该：一不该刮'共产风'；二不该搞平均主义，取消按劳取酬；三不该生产瞎指挥，不因地制宜；四不该没有等价乱调劳动力，协作是对的，不等价协作就不对。"谷文昌进一步剖析根源："为什么会发生这些错误呢？最本质问题，是对社会主义界限划不清。一句话讲，三年指导思想，过渡步骤走快了些，刮'共产风'破坏了所有制，而所有制变动不定，又破坏了按劳分配政策……我们没有弄清楚，由社会主义过渡到共产主义是一个相当长相当复杂的发展过程……不是想早就早，想迟就迟的……我们恰恰在这些最根本性的问题上思想糊涂。"

在分析了产生错误的根本性原因后，谷文昌对造成错误的其他原因同样一点也没有放过。对造成粮荒的根源，包括对生产资料（平调）、宣传发动工作（宣传口号）等问题上，谷文昌坦诚地承认：三年来，我们在毫无根据地乱说乱干，并且提出错误的口号。

为纠正1958年的"大跃进"和随之发生的人民公社化运动以来在生产管理体制上的"一大二公"问题；不执行按劳分配，实行平均主义、大拉平问题；办公共食堂引来的种种问题，谷文昌与县委领导班子一起，根据中央文件要求，于1959年4月7日制定《关于人民公社的管理体制和若干政策问题的规定（修订草案）》，决定在全县开展大刀阔斧的算账整风，纠正干部不正之风。

对此，部分公社、大队干部有思想顾虑，有的干部怕在运动中挨整有失威信，更怕倒台，借下田劳动躲避工作组调查。然而群众对算账却表现出极大热情：“迫切要求算账，解决问题。”有的则怀疑：“政府有决心，先处理一个给我们看看。”

面对干部和群众中出现的各种思想，谷文昌要求县委主动查找根源，认清危害。他认为，各级干部出现的这些不正之风，与县委领导班子有关系。

谷文昌主持召开六级（县、公社、大队、生产队、作业组和庶务长以及社员代表）扩干会，并代表县委做了自我批评：“县委这种主观主义领导生产的作风，不整掉那是祸国殃民，害人不浅。”而后，县委发动全县干部、群众向县委及公社党委提意见。随后，近 6 万人参与提意见，提出各种意见达 100 万条，面对这么多的意见，不少干部“懵了”。

但谷文昌认为：“群众对县委提出许多批评，大部分都是正确的，我代表县委表示诚恳接受，并决心改正错误。”又说：“县委不能推卸责任，也不能推诿。所以，驻公社工作组应代表县委承担一部分责任，维护党的利益。”

面对“意见”，谷文昌勇于正视，勇于担责，奔着问题去，揪着问题改。在谷文昌和县委领导的共同努力下，全县 1958 年分配结算后没有落实的剩款逐步退还，超支也逐步收回。公社乱调大队，大队乱调生产队物资、劳力、土地等问题也得到纠正。谷文昌领导下的县委在算账整风中的做法和成果，赢得了全县人民的信任，也树立了县委领导班子“火车头”的良好形象。

“为了子孙后代的幸福，让我们再坚持一下”

下放宁化，他临危受命，勇挑重任，善于担当，出色地完成了组织交给的任务。

隆陂水库全貌

当年隆陂水库技术主管王瑞枝在《谷文昌同志在隆陂水库事迹的回忆》一文中说，谷文昌身上的务实拼搏、艰苦奋斗的创业精神，身先士卒的领导作风，永远值得党员干部学习。

1970 年，由国家批准立项的闽西北山区第一座中型水库项目——隆陂水库在宁化开工。这是一个库容 1614 万立方米的水库，一旦建成，禾口、淮土两个公社 1.71 万亩缺水的农田将旱涝保收，人民世世代代盼水的愿望，将成为现实。可是，三明地区从来没有建过这么大型的水库，花钱多，用工大，困难多，因此，尽管 1957 年就开始研究建水库的事，却没有一个领导敢牵头。

动工 7 个月了，村村都抽调了劳力，可进展缓慢。这时，宁化县县委想到了下放在此的谷文昌。宁化县县委认为他曾是东山县县委书记，对东山作了很大贡献，特别是东山造林立下汗马功劳，他具有丰富的领导经验和基层工作经验，又担过省直部门领导，见多识广，工作能力强，并且下放红旗大队以来表现良好，由他这样一位有工作责任心、在群众中有威望，而且具有丰富领导经验的老干部来担任总指挥，最合适不过。接到通知后，谷文昌马上从禾口徒步 8 公里到了工地。

他拄着木棍子，拖着患阵发性痉挛症的右腿，一上任就走遍了工地每一个角落，与指挥部成员研究工作，和工程技术人员商讨施工计划，了解大坝、料场及民工的住宿、食堂及思想等情况，与民工促膝谈心，带头参加工地劳动，日夜坚持在一线工地，很快与民工打成一片，民工都唤他“老八路”。

王瑞枝回忆，谷文昌常常教育民工：“百年大计，质量第一。”碰到工程技术问题，谷文昌总是很虚心地跟技术人员商量、研究，然后才作出决定，从不脑子发热乱拍板瞎指挥。为了确保工程质量，谷文昌对坝上的土质砌石问题把关十分严格。当时料场的土层比较薄，草根、树枝、树皮多，谷文昌每天都亲临现场，亲自检查，决不让含有草皮、树根、腐殖土、小石块等不合格土进入坝内，同时对压土机所需的土层厚度严格要求，要求技术人员土质要在料场上把好关，确保大坝填筑的质量。

有一次，张家地连的民工把一车腐殖土从 2 公里外的料场运到坝上，正想倒在坝上时，被技术员阻拦，双方争执不休，这一幕，正好被在工地上巡视的谷文昌碰上。谷文昌指着这车有草皮、树根的腐殖土问技术人员：“这车土能不能用?”技术员回答说：“不能用。”谷文昌就坚决不让这车土倒在坝上，并严肃地对这位民工说：“一车土是小事，而水库是百年大计，质量第一，来不得半点马虎。”发生这件事后，谷文昌立即召开各连队负责人和施工人员会议，进行工程质量教育，要求各连长亲自把关，出了质量问题由连长负责，同时要求施工人员对土料的质量要从料场抓起，从而保证坝上用土的质量。

随着工程施工的进展，1970 年国庆节前夕，宁化县县委、县革委下达命令，要求大干快上，10 月 1 日上坝填土。此时大坝涵管清基工作尚未完成，如果不顾质量一味提前，将会造成极大隐患。谷文昌立即召开会议，再三征求技术人员意见。一位姓李的技术主管提出，坝下涵管清基工作尚未达到设计要求。

“清基没搞好，灌上混凝土涵管可能断裂!”这位技术主管直言。

于是，有领导气呼呼的，认为拖延工期是有人搞破坏。

谷文昌挺身而出：“先不忙下结论。工程进度快慢，我老谷负责任。但是刚才提出的技术问题关系到工程质量，我们不能掉以轻心。”

谷文昌据理力争，反复向县委领导解释、说明。终于说服了领导，把上坝填土的期限延长了三个月。

他每天清晨 4 点多就起床，从工棚巡到大坝，从大坝巡到涵洞口，从涵洞口巡到料场，一天的工程进度、民工出勤、运输工具情况如何，了然于心。

在这方圆几十里的工地上，到处都可见到他的身影：哪里工效低，他就在哪里做思想动员工作；哪里出现问题，他就把问题解决在哪里；哪里有困难、有危险，哪里是关系大局的地方，他就出现在哪里——

打荷树岭隧道，石头坚硬，民工用手工敲打，干一班只掘进二三十厘米。隧道全长460米，如此速度将掘到哪年哪月？谷文昌深入隧道指挥，向建设兵团借来风钻机，采取隧道一头人工开挖，一头机械掘进，解决了进度问题。

开炸石头赶不上筑坝速度，谷文昌找来技术员一齐商量。原来用打中炮的办法，一个炮眼放一公斤炸药，一天炸石不到五六千方。谷文昌介绍了当年建东山八尺门海堤时打大炮的方法，请来闽南的专家，花十来天掘了一个10米深井，填了10箱共240公斤炸药。这一炮打下，地动山摇，石头山塌了，筑坝的石头足够了。

荷树岭隧道在掘进过程中塌方冒顶，他二话不说，借了顶安全帽就往里钻。深洞里，黑暗潮湿、空气污浊，脚下是冰冷的积水，头顶泥土石块哗哗往下掉。民工和技术员们力劝谷文昌离开，他却说："我不进来怎么了解情况？"

1971年3月，雨季即将到来，正是大坝合龙的关键时刻。大坝合龙高度定在海拔高程408米，全体民工、技术人员夜以继日地苦干，填至402米高程时，下起了大雨，围堰漏水，抽水机故障不断，8台坏了6台。库中水位与合龙口土层同时增高。凌晨一点，围堰仅差50厘米就要过水！几千民工用血汗筑成的大坝，眼看要被冲垮，更急人的是，水库下游还有一个100多户人家的村庄！

连日劳累，年迈体衰的谷文昌病倒了，医务人员强迫他躺在医务室休息。此时，他挣扎着从病榻上站起来，拿起铁皮喇叭筒，拄着木棍，颤巍巍走向大坝——

干部全部上工地！民工连续上班！运土来不及了，先挖大坝上的土装袋填合龙口；防止抽水机再烧坏，组织一班精壮小伙子潜水，一次次将露出水面的潜水管放回水底……

黑夜沉沉，风寒霜冷。谷文昌抱病伫立在大坝上，流着汗水，流着泪水，发烫的手紧握喇叭筒。当别人劝他下去休息时，他说："困难的时候，领导在场与不在场不一样"。寒风阵阵，传送着他那苍凉而沙哑的嗓音："现在到了最危急的时刻了，水库能不能建成，全靠大家今晚的努力了！为了子孙后代的幸福，让我们再坚持一下……"

指挥部干部和百余名民工跳入水中，用血肉之躯筑起了三道人墙，把大水硬生生堵在库内！这天晚上，隆陂水库全体民工豁出命干，在沉沉的黑夜背着一袋袋沙土飞跑，拼命向龙口填土，大水一点点低下了头，大坝渐渐地露出水面……

清晨6点，县里前来增援的两辆红色消防车开上山来，民工们欢呼起来，工地沸腾了！

最终，隆陂水库胜利合龙！

如今，40多年过去了，隆陂水库固若金汤，没有发生质量问题。知情人说：这全仗当年的总指挥谷文昌对工程质量一丝不苟、精益求精。人们对谷文昌始终念念不忘，在大坝旁修建了一座"谷公亭"，办起了展览，供后人缅怀纪念。

结 束 语

2001 年 7 月 15 日，习近平同志在瞻仰谷文昌陵园听取谷文昌先进事迹介绍时说：“谷文昌先进事迹再次证明，人民群众总是最公正的。我们的干部一定要为官一任，造福一方，自觉地为人民服务。”2015 年 1 月 12 日，面对全国 200 多位县委书记，习近平总书记又一次深情谈起谷文昌：“我经常提到五六十年代福建东山县县委书记谷文昌，他一心一意为老百姓办事，当地老百姓逢年过节是‘先祭谷公，后拜祖宗’。”

如果说，坚定的信念是共产党人的政治灵魂，是共产党员经受住考验的精神支柱，那么，勇于担当的精神，便是共产党人战胜困难、克服挑战的成事之基、胜利之道。踏着谷文昌足迹一路追寻，我们不难发现，“有多大担当才能干多大事业，尽多大责任才会有多大成就”。谷文昌的事迹也再一次告诉我们：心中有责、敢于担当，标注的并非高不可攀的价值天际线，而是每一个干部必须完成的人生课题，每位干部干事创业的基点，谷文昌就是一个鲜活的事例，一个标杆。党的十九大为我们描绘了波澜壮阔的宏伟蓝图，习近平总书记强调：“中国特色社会主义进入新时代，我们党一定要有新气象新作为。”身处这场气吞山河的世纪伟业中的党员干部，应该自觉把使命放在心上，以强烈的责任担当，自觉为担当新时代的伟大使命不懈奋斗，在进行伟大斗争、建设伟大工程、推进伟大事业、实现伟大梦想中，续写出责任与担当的新篇章，做一名无愧于这个时代的共产党人，一名谷文昌式的好干部。

三

一心为民是他不变的情怀

“为什么人的问题，是检验一个政党、一个政权性质的试金石。带领人民创造美好生活，是我们党始终不渝的奋斗目标。”党的十八大以来，习近平总书记在不同场合讲话中提到最多的就是人民群众，强调要“坚持党的群众路线，坚持人民主体地位，时刻把群众安危冷暖放在心上，及时准确了解群众所思、所盼、所忧、所急，把群众工作做实、做深、做细、做透”。

“不带私心搞革命，一心一意为人民。”尽管谷文昌已经离去，但他生前写在笔记本上的这两行字仍历历在目，那一腔为民的高尚情怀，伴随着时光的流逝，愈发的让人感动，令人敬仰。出身于贫困劳动人民家庭的谷文昌，懂得群众的困难和忧愁。群众的困难，他努力解决，群众的忧愁，他努力排除；群众盼望什么，他就干什么，群众哪里有困难，他就出现在哪里。把人民装在心窝里的人，永远活在人民心中。

谷文昌的“穷朋友”

劳动人民的本色和苦难的家世，拉近了谷文昌与贫苦群众的距离。在东山，谷文昌有不少“穷朋友”，谷文昌愿意接近他们，帮助他们，乐于和他们“攀亲”。

曾在谷文昌身边工作过的宋秋涓说，谷文昌非常关心同情贫苦百姓，他开会讲话经常引用毛主席这篇文章——《关心群众生活，注意工作方法》，非常关心受苦受难群众生活。宋秋涓记得，他在县委办公室工作那几年，亲眼看见过一件事。每年春节，谷文昌都要请山后大队的民兵队长、妇女主任、农会主席和大队里的支部书记到家里吃饭。为什么要特意请这些群众？宋秋涓分析，当年西埔旁边的山后村（现宅山村），是县里土改重点村。村里的民兵队长、妇女主任、农会主席都没有脱产，还在村里干，在谷文昌的眼里，他们代表着“群众最底层”。“谷书记走到哪里都是‘要关心群众生活’这句口头禅，他事事都为群众考虑。”宋秋涓说。

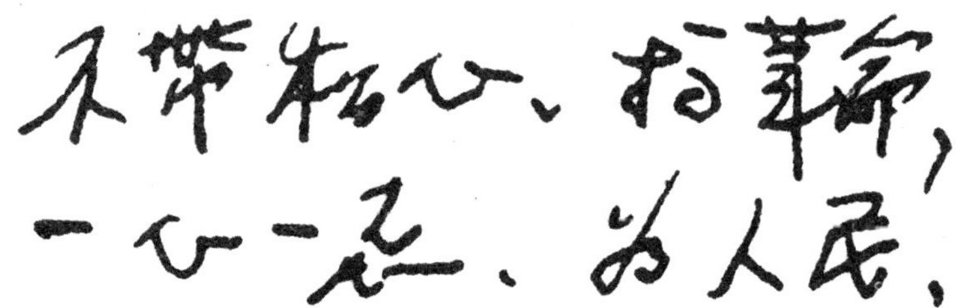

谷文昌在自己的笔记本上写下的誓言

对于“穷朋友”，谷文昌不仅仅是年关专门请他们到家里吃顿饭，更是特别乐意和他们“攀亲沾故”。

冬古村有个老汉名叫和顺，尖鼻瘦高个，常常戴个破呢帽，趿双破布鞋，挑担草药四处叫卖。别看和顺一副落魄模样，他却说有个朋友当县委书记。这个朋友就是谷文昌。

“我找老谷呢。”和顺卖药路过县委机关大门，撂下担子，蹲着不走。只要谷文昌人在机关，一定出来见他。

“和顺你来啦？最近怎么样？”谷文昌亲切与和顺握手。

“娶老婆啦！”和顺回答。

“好呀，很幸福嘛。”谷文昌笑着祝贺他。

“可是老婆一身病呀，看病没有钱，再说抽烟也没有钱。”和顺摇摇头，一脸苦相。于是谷文昌就掏出钱给他，或者掏出烟给他，还带他到食堂吃顿饭。

“老谷是我的好朋友呢！”和顺咧着嘴眯眯笑，逢人便说，“他还记得我对解放东山有贡献呢！”

有人将和顺的话告诉谷文昌，谷文昌连连点头：“记得，记得。他对东山确实有贡献呢。”

原来，部队进东山岛前，中共东山县县委驻扎在古雷半岛，与东山岛隔着一条海峡。和顺当年是鱼贩子，经常往返两地间，谷文昌就请他帮侦察侦察，提供些东山敌军的情况。

解放后，和顺由于负担重，生活很困难，谷文昌一直没有忘记和顺，经常过问他的生活情况。和顺也没把谷文昌当官老爷，一有困难问题，就来找谷文昌。后来，和顺去世了，入土的棺木也是谷文昌掏钱为他张罗。

对于“穷朋友”，谷文昌生活上帮助，思想上关心，对他们高看一眼，厚爱三分。

解放初，西埔村村民朱进宝刚20岁出头，参加了农会，当上了基干民兵。谷文昌那时刚好和几位领导就住在村里民兵队部附近，经常到村里指导工作。这时，谷文昌认识了朱进宝。

看到出身贫苦、工作积极的朱进宝，谷文昌打心里喜欢。一有外出执行任务，谷文昌就邀请他一起，有时也经常邀他一起散步、谈心。谷文昌对他的成长也很关心，经常给他讲革命道理，教育他要牢记毛主席、共产党的恩情，努力工作。

到了冬天，看到家里很穷的朱进宝还是单衣薄裤。谷文昌就把自己的棉衣送给他御寒。得知朱进宝的母亲因忧思操劳，以致眼睛过早失明，谷文昌一有空就到他家来，和他母亲聊天、拉家常。

让朱进宝十分感动的是，谷文昌一到他家里，就用他刚学的东山话，亲切叫他的“阿姆”（东山方言，即“伯母”）。那亲切劲儿，常常引得朱进宝的母亲笑逐颜开，心情格外舒畅。朱进宝母亲怕孩子年纪小，做不好工作，谷文昌就语重心长地开导、劝慰，让朱进宝的母亲明白，现在是共产党领导的天下，要让年轻人见见世面，多参加社会活动，努力锻炼自己，提高自己，做个有益于人民的人。

谷文昌的一席话，让朱进宝的母亲百虑俱消。有一次，朱进宝的母亲受了风寒，谷文昌知道后，带着爱人史英萍，买了咸酸梅李等慰问品，去探望。当谷文昌夫妇走到他母亲病床前，仍一起亲切地叫“阿姆”，嘱咐老人家要好好静养。朱进宝的母亲感动得眼泪直流，伸出双手紧紧握着谷文昌夫妇的手，说：“共产党、人民政府的干部把咱穷人当亲人，太好了！”

朱进宝感叹：作为一位从旧社会走过来的人，“我的母亲”和所有的穷人一样，对“当官的”都有着一种距离感甚至是畏惧感，但谷文昌喊她“阿姆”，就像街坊邻居一般，这种平民情怀，让母亲心里特别的温暖。

也正因为在这位“朋友”的关心和爱护下，“东山保卫战”打响，朱进宝主动加入民兵担架队，勇敢地冒着枪林弹雨，在战场上抢救解放军伤员……

对于“兵灾家属”这批特殊的“穷朋友”，谷文昌对他们的关心更是无微不至。1956 年，由于家庭经济困难，“兵灾家属”刘杏的儿子王耀钦念完小学准备辍学，谷文昌知道了这件事，再次上门。“孩子还小，没读书怎么行呢？有什么困难尽管说。”就这样，王耀钦被免费保送上中学。困难时期，谷文昌又将王耀钦的农业户口转为居民户口，吃上商品粮。这在当时，是多么不一般的特殊照顾！王耀钦感激地说：“谷文昌对我比他自己的儿女还好，从吃、穿、住到学习、工作、成长样样关心！”王耀钦念中学时，谷文昌多次对他说：“耀钦，要好好念书，将来报答社会。”为了方便读书，王耀钦经常住在谷文昌家里，与谷文昌的儿女一起吃饭、做作业、玩耍。谷文昌还叫夫人史英萍买衣服给他穿，送他零花钱等，直到初中毕业。1962 年冬季征兵开始，谷文昌又鼓励王耀钦去部队锻炼。启程前，谷文昌送给他生活必需品，鼓励他：“要学习你妈妈热爱祖国的精神，到部队好好干！”在王耀钦回家探亲时，谷文昌还将写有“今天的努力，明天的成功”的一块塑料小饰品送给他，继续鼓励他。王耀钦牢记谷文昌的教诲，在部队里积极向上，不断磨炼和提高，从部队退伍后到漳州市林业部门工作，直至退休。

谷文昌的“忘年交”

谷文昌也有不少“忘年交”，有的还只是学生。他主动请他们吃饭，送他们上大学，鼓励他们健康成长。

1953 年，谷文昌担任东山县县长。一天，他得知东山一中两名学生林才成和杨云灵考上南京的一所解放军陆军军官学校，非常高兴。当时的东山人民衣食成忧，连日常温饱都成问题，能够上学的人屈指可数，考上高一级学校的更是凤毛麟角。

得知这个消息，谷文昌连连称赞：“林才成和杨云灵学习刻苦，勤奋自强，为东山人民争光，可得好好表扬一下。”

于是，谷文昌派身边的工作人员把林才成和杨云灵请来。工作人员告诉他们说谷县长要请他们吃饭，同他们谈一谈、叙一叙。两个学生一听，特别激动。他们没想到自己只是一名学生，可谷县长却要请他们吃饭。“我们可只是个学生呀!”每每提起这件往事，林才成老人都十分动情：“谷县长工作十分繁忙，事无巨细都要仔细过问，或亲自去检查了解。百忙之中，他是硬挤出时间同我们两个人吃饭话别。他是很重视人才和教育的。”

饭菜十分简单，一人一碗面条，再没有其他什么菜，然而，洋溢在饭桌上的是一种亲切和关怀。谷文昌用自己的和蔼打消了两个年轻人的拘束和紧张，与他们娓娓而谈。一会儿谈起革命往事，一会儿谈社会主义建设，他勉励道：“当今建设需要人才。你们一定要珍惜上军校学习的大好机会，勤奋刻苦，好好学习，努力学好各种本领，为家乡争光，报效祖国和人民。”

望着谷文昌，两个年轻人眼里渐渐噙满了晶莹的泪花。他们在心里暗暗下了决心：到军校一定好好学习，不能辜负谷文昌的期望，不能忘记东山人民的培养。一滴水折射出太阳的光辉，谷文昌在繁忙的政务中不忘“请客”，这平常而又特别的礼遇，让两个上军校的青年看到了人生的方向。

东山解放第二年，14 岁的欧庆彰被选送到县政府当通讯员。第二年，谷文昌任县长，欧庆彰天天到他房间里送报送开水，有时还向各科室传达他的口信。

由于家里穷，没读书，字识得不多，欧庆彰普通话听不懂，也不会讲，在工作中闹出了不少笑话，自己感到非常苦闷，人都渐渐消瘦了。

有一天，欧庆彰到谷文昌房间里扫地。看到眼前这个身体有些消瘦的小伙子，谷文昌和蔼地伸出手摸了摸他的头，说：“小鬼，饭要多吃些，身体才会健壮，有空闲的时间，也得回家看望父母亲。参加革命工作，可不能忘记父母亲的养育恩呀！”短短几句话，欧庆彰激动得热泪盈眶，一时说不出话来。谷文昌继续鼓励他，有什么困难可以向领导反映，不要憋在肚子里。欧庆彰憋不住了，一股脑把识字少，普通话讲不来，影响工作的苦衷倾吐出来。

谷文昌听了之后，哈哈大笑起来，安慰说：“干工作哪会没有困难，怕困难就不是好同志。识字不多，普通话讲不来，怕什么，要有勇气，有信心，认真学习嘛！”

一席话，给了欧庆彰莫大的鼓舞。从此以后，他遵照谷文昌的教导，再忙也挤出时间学习，并在同志们的帮助下，慢慢地积累知识……第三年，欧庆彰被调到收发室工作。

欧庆彰到收发室不久，谷文昌就几次过来关心，询问工作是否适合，字有没有写得端正清楚，编号是不是准确，摘文是不是中肯扼要，关怀备至。

1954 年 6 月的一天，谷文昌爱人史英萍（当时担任人事科科长）突然来到收发室，通知欧庆彰到漳州参加中学考试，并叮嘱要做好准备，考出水平。

从此，欧庆彰除了做好收发工作外，就是夜以继日地补习小学各门功课，终于被福建师范学院附设工农速成中学录取。临行前，谷文昌专门委托史英萍代他送行，并要史英萍转告欧庆彰：在学习中不能有私心杂念，要全神贯注地学好功课，提高文化知识水平，将来为社会主义建设服务。

一次，史英萍出差福州，受谷文昌之托专门到学校看望欧庆彰，并拜访了欧庆彰的老师，要求加强对欧庆彰的教育。

第一学年放暑假一回家，欧庆彰立刻放下行囊，赶到县委会看望谷文昌夫妇。一看到欧庆彰，谷文昌夫妇喜出望外，像父母亲一样仔细地从头看到脚，笑眯眯地说："好，有好的身体，才有革命的本钱。"然后认真地询问他的学习成绩、品行表现。临走，谷文昌从袋子里掏出 10 元钱，塞到欧庆彰的手心，说："要感谢共产党，好好学习，天天向上，争取升上大学。"

1958 年工农速成中学毕业后，由于学习成绩不错，欧庆彰被学校送到厦门大学中国语言文学系学习，当上大学生。那天，欧庆彰立刻写了封长信感谢党，感谢谷文昌。几天后，欧庆彰就接到谷文昌一封洋溢着深厚的革命感情的回信。回信中，谷文昌叮嘱他"不能自满，更不能骄傲，要争气，踏踏实实做学问，学好本领，报效祖国……"这封信，时刻激励着欧庆彰要认真

学习，争取进步。欧庆彰大学毕业后，回到县交通局工作，始终兢兢业业，直到退休。

一段“木麻黄”树缘

在东山，谷文昌不仅仅有“穷朋友”和“忘年交”，还有结成生死情谊的“老战友”，特别是与蔡海福的“木麻黄”情缘，更是展现出他对人民群众的无限深情，也留下了一段人间佳话。

谷文昌和蔡海福两个人，一个姓谷，一个姓蔡；一个生在地北，一个长在天南；一个为14级高干，一个是普通农民。然而，是树木，是木麻黄，联结着两个人的心，使他们成了比同姓兄弟更亲的人。

这话，得从1958年说起。

当年，东山县委向全县军民发出号召：“上战秃头山，下战飞沙滩，绿化全海岛，建设新东山！”在这个号召的驱动下，风沙肆虐严重的湖塘村，全队行动，在大队前沙地上种下了整片的木麻黄幼苗。为了方便管理，在大队旁的沙丘边搭了个草棚，社员蔡海福受命在这里育苗护林。

那时候，担任县委书记的谷文昌，常常到这一带巡视木麻黄树苗的生长情况，蔡海福的草屋就成了书记经常召集植树干部探讨问题的场所。作为草屋主人的蔡海福，除了热情招待外，对干部们的讨论，不时也提出自己的意见。谷文昌发现蔡海福的看法总是有根有据，这让他从心眼里钦佩：这位同志是个用心的人！有时候，蔡海福提的意见，也常常令干部们感到提得中肯，切实可行。正因为如此，谷文昌特别喜欢蔡海福；同样，蔡海福从没见过这么平易近人又吃苦耐劳，整日和农民泡在一起的县委书记，因而对谷文昌也有特别的好感。久而久之，他们两人就从相识到逐渐地亲近起来。

人一亲，早就没了地位的不同、语言的差异，他们有的就是树，就是木麻黄：从木麻黄的下种、培育，到移栽、种植，到以后的管理、防护，到将来成林，农业发展；再到美好未来的憧憬……相见恨晚、无所不谈。

有一次，谷文昌和蔡海福走在新栽着木麻黄的沙丘上，看到有几棵树苗被耕牛踩倒了。谷文昌赶紧蹲下身子，心疼地抚摸着树苗，深情地告诉蔡海福："老蔡啊，人说'十年树木'，尤其在咱东山，种活一棵树，不容易啊！"听县委书记这样说，蔡海福的眼睛湿润了。这事以后，蔡海福常向人说："谷书记是北方人，对咱们种树这么拼搏，图的什么？还不是为了咱乡里人好！所以大家都要参加造林，都要爱护树木。不管是谁，损坏了树木，就得受处罚！"

谁知这话没说多久，有一天，他的独生女和侄女两人拾草时捡了一些木麻黄枝丫，被蔡海福发现了。盛怒之下，蔡海福把她们俩大骂了一顿，还叫湖塘大队的干部，按村规民约以每斤5角钱处罚。这事让谷文昌知道了，他一方面赞扬老蔡的不徇私情，一方面感到他这是冤枉了这两个女孩：要是偷折树，树枝的断面就犬牙交错；要是断面整齐，就是护林队用铁剪剪的，不用罚。而她们的树枝，属于后者……可是蔡海福坚持要罚。他告诉谷书记说："老谷，你说她们的草筐中有绿树枝，这是偷来的还是捡来的？说得清吗？更何况我是护林人，别人怎么理解这事？"谷文昌听了，非常有同感，说："老蔡，要是我的孩子碰上这种事，我肯定也像你这么做——不然，我们怎么教育别人呢?"

从此，他们的感情更亲密了。在一次林业大会上，谷文昌表扬蔡海福："他在湖塘大队辈分很高，乡亲们大多得叫他'叔公'，可是，就是这位叔公，为了绿化事业，六亲不认，就认木麻黄！原来乡亲们对他不太理解，抱怨他，现在理解了，赞扬他是铁面包公。蔡海福这样大公无私，值得我们学习!"谷文昌说完，台下数百个听众热烈鼓掌：既为不徇私情的蔡海福，也为知人伯乐谷文昌。

1959 年，东山县县委为了使东山岛这"白蝴蝶"早日变成"绿蝴蝶"，需要筹建一个造林的专业林场，需要一批热爱造林事业，又有技术的人或担任林业技术员，或行政管理人员。谷文昌头一个就想到了蔡海福。在对象选择的研究会上，他向领导们推荐使用蔡海福。当问到此人的身份和文化程度的时候，有人疑惑不解：怎么谷书记举荐的是一个大老粗？他能行吗？谷文昌见人们不理解，说："别看他文化程度不高，可他有一棵爱树的火热的心，更有种树的实践经验，是有事业心的土专家!"这样，经过谷文昌的推荐，林业部门的同意，蔡海福成了东山县赤山林场林业队队长兼技术员。

1963 年，东山绿化工作成绩斐然，《福建日报》记者慕名前来采访谷文昌。在名誉面前，谷文昌对记者说："植树造林好比打一场人民战争，光靠指挥员，不能打仗。你们要宣传，就多宣传第一线造林大军的事迹。像蔡海福就是其中一个代表。"记者根据谷文昌的推荐，采访了蔡海福。不久，《福建日报》在头版显要位置刊登了蔡海福的先进事迹，还配发了他披笠荷锄在林地的照片。从此，蔡海福名扬八闽。谷文昌又推荐他为华东区的造林模范。

……

转眼间，到了“文化大革命”，谷文昌被带回东山，藏在顶西大队。时间久了，每天竖着耳朵打听谷文昌下落的蔡海福终于听到传闻：谷文昌被藏在顶西大队！他偷偷跑到顶西大队，找到了谷文昌。两个造林老战友，“乱世”中相见，谈论的不是自身的安危，还是东山的造林，还是木麻黄！

“到处都这么乱，咱们种的木麻黄，会不会被乱砍滥伐?”

“大部分不会，小部分难免……”

“这，我就放心了。”

末了，蔡海福要谷文昌无论如何躲到他家：“谷书记，您就住到我家吧。免烦恼（闽南话，担心的意思），我家还有两碗番薯稀粥给您喝!”

“老蔡，谢谢你……你以后也别来看我了，你们把木麻黄保护好，就是对我精神上最大的安慰!”

蔡海福流着泪离开了。

不久“清理阶级队伍”，蔡海福因为与“走资派”过往甚密，被列为清理的重点对象，遭连续批斗。蔡海福估计自己活不了多久了，对身边的人说：“我蔡海福死了不要紧，不放心的还是树……你们要碰到谷书记，告诉他，东山的树，长得很好，叫他放心好了!”

也许是木麻黄有灵，蔡海福竟奇迹般地活了下来！他拖着被打成伤残的身躯，继续巡护树林，不管是炎热的夏天，还是海风呼啸的冬季，仍日夜巡视在木麻黄林地里。“文化大革命”接近尾声，谷文昌被调到龙溪地区林业局任局长，他获悉植树模范蔡海福如今贫病交加的境况后，多次写信慰问，还委托地区民政局和原东山县等同志前去探望。

谷文昌在给蔡海福的信中，真情邀请他到漳州治伤：“老蔡，你别担心食宿药费，我来承担，借你当年的话：我谷文昌‘免烦恼，还有两碗番薯稀粥给你喝’！”可是，蔡海福知道谷文昌清贫，婉言谢绝了。叫不来蔡海福，谷文昌亲自到了东山，来到他家。多年不见，老蔡的家更旧了，也更破了，一家三代人仍然蜗在那狭小潮湿又被灶烟熏得黑乎乎的房子里。谷文昌一时哽咽，建议民政部门救济蔡海福200元修缮房屋。

不久，谷文昌又到东山开会。要回漳州前，谷文昌要蔡海福无论如何一定得跟他到漳州家里走走。蔡海福拗不过，跟着到了漳州。到了漳州，谷文昌硬是“顺便”把他扯到南靖伐木场。谷文昌要蔡海福选上一棵，自己出钱帮他做口棺木，以备百年之用。蔡海福心里很感激，可也知道老谷的家底，所以就以“活人买死物，不吉利”为由推辞了。过后，村里人说蔡海福傻，可是他说：“老谷当了那么大的官，家里也只有几只旧藤椅，我能让他破财毁林吗?”1978年9月5日，蔡海福去世。谷文昌得知消息，老泪纵横，硬是为他解决了0.35立方米的杉木，做了一口棺木，让老战友死后有个安心养静的地方。

“这样的官，老百姓怎不拥护”

“为人民负责”不是一句口号，它往往就体现在一件件小事的关心上面，一次次“爱管闲事”的行动当中。谷文昌视群众利益无小事，一枝一叶总关情，正因为这样，他在群众心里的这座丰碑，一点一滴被堆砌了起来。

解放初，铜陵镇有一个叫林登煌的少年，小学毕业，因为家里生活困难，没办法升学，就在县工委前面摆了个烟摊，卖起香烟。一些干部喜欢到他的烟摊买香烟，谷文昌也常来。

1950年，谷文昌在东山任县工委组织部部长，人称“谷部长”，可林登煌并不认识。

有一次，谷部长又来买香烟了，随口问林登煌：“小鬼，生意好吧?”

林登煌不经意地说：“还可以，就是赊账比较多，不好办。”

谁知林登煌这一说，谷部长掏钱的手停住了：“赊账没还?我们县委里边有没有人也这样？要是有，我帮你讨。”

大约是那时的工资很低的缘故吧，买香烟的人中，有一部分人会赊账，隔十天半月后再来清账。也有几个人赊账后一直不见踪影，林登煌一直为此事为难。

谷文昌似乎看出林登煌犹豫：“别怕，买东西，要付钱；赊欠人家，就要还，天经地义——你告诉我，县委里谁赊了烟钱还没还你，我帮你讨。”

“没……没，……没有……”林登煌不知怎么回答才好。

“我知道，肯定有，”谷部长依旧是很认真地说，“我说你不要怕嘛。看谁赊了你的烟钱——你有记账吗?”

“我没有记账。”其实所有的赊欠，林登煌都记在本子上，可是他实在怕部长这么认真：才欠那么点钱，上门催账，这以后生意不好做了。

谷文昌看出他的犹豫，伸出手拉上林登煌转身就进了县委大门。

刚一跨进门，谷部长就喊起来："大家有没有向这小鬼赊香烟忘了还钱的，要有，凑来还哪！人家做生意挺不容易的。"

很快，香烟钱收齐了。当林登煌手捏着香烟钱回到烟摊的时候，旁边的人看到他真的讨回了烟钱，很是感慨："这样的官，谁不拥护!"

对于困难群众，谷文昌就是这样"爱管闲事"，甚至是主动牵挂在心。时间在变，地点在变，谷文昌对百姓的这颗心，不变。这样的"爱管闲事"和"牵挂"，百姓没有忘记，至今，仍广为传颂……

1970 年，谷文昌被下放到宁化县禾口公社红旗大队。来到红旗大队后，谷文昌经常到群众家里走走看看，嘘寒问暖。有没有米吃，有没有柴烧，买不买肉，打不打油……一天夜晚，他来到大队民兵连连长的家里，室内没有什么摆设，床上的铺盖破破烂烂，却见躺着坐着 9 个小孩。谷文昌满怀深情，他对民兵连连长说："孩子这么多，怎么生活？一定要想办法，想办法……"

在这里，红旗大队的每一道沟沟坎坎，都留下了他的足迹，每一幢房子的堂前屋后都出现过他的身影。每家每户的情况，在他心里都有一本"明细账"。烈属全姑姐丈夫去世早，儿子当红军牺牲了，祖孙 2 人仅靠队里照顾口粮和政府救济金生活，家境困难，谷文昌知道后，每月都接济一些钱物。吴仕元考取了地区林校后没钱上学，谷文昌就帮助他上学。张良澮是红旗大队的老超支户，因为子女多连买盐巴的钱都没有，谷文昌不仅帮助买些油盐酱醋，每逢队里杀猪分肉，谷文昌总为张良澮垫付肉钱，让他全家吃上几片肉。还有的困难户领到布票却没钱扯布，谷文昌就帮助把布买回来……因时隔40多年，谷文昌究竟帮助了多少户买肉、扯布，已经无法算清，但谁都知道由于谷文昌的赞助，红旗大队的许多孩子逢年过节穿上了新衣，吃上了几口猪肉，在那艰难困苦的岁月，感受到了生活的美好。

谷文昌一家在红旗大队仅仅住了2年，但当年的老干部、街坊邻居依然清楚记得“谷满仓”：瘦瘦中等个子，身上经常穿着打了补丁的中山装，有一双磨起了茧子的大手掌，前额上长着许多皱纹，见人总是带着笑，没有半点厅长的官架子。谷文昌的妻子史英萍也是一位南下干部，她和谷文昌一样，乐于助人，毫不吝啬地资助“五保户”和有特殊困难的人。孩子们尊称她奶奶、大妈，年龄不相上下的人喊她大姐，亲如家人。

1970年7月谷文昌担任了隆陂水库总指挥。对水库建设者的冷暖，他点点滴滴挂心头。为了方便工地群众，在工地上办起了医疗室、小百货店、缝纫店、理发店。当时物资供应紧张，他亲自到县商业局联系商品，有时要来自行车、缝纫机等短缺商品卖给先进民工。为了改善民工生活，他要求每个农村大队每月杀一头猪慰问民工，有时他亲自到村子里督办。为了活跃民工文化生活，他不定期地在工地上放电影，开展文娱活动，为劳累一天的民工增添欢乐，消除疲劳。看到饭堂里用溪沟里的水做饭，有些民工喝沟里的生水，他立即指派专人到山泉源头挑水供群众饮用。吃喝是大事，拉屎撒尿也不是小事，谷文昌上任后几天工夫，就建成了25座厕所。

搬石头的民工反映手套不够用，他二话不说个人拿出50元钱让民工去购买。一位民工突然患了胃出血，疼痛难忍，他马上拿出100元，送他去县卫生院治疗。1971年3月，水库大坝即将合龙，忽然天降大雨，围堰漏水，百余名民工不顾严寒跳入水中围成人墙，谷文昌始终在现场指挥，自己掏钱买来10斤红糖熬姜汤，他亲手把红糖姜汤端给下水民工喝……

1972年冬，谷文昌调往龙溪地区行署任职后，他人走了，心里依然惦记着这片土地，这里的人民。偶有群众去龙溪地区办事，谷文昌把他们请到家里吃饭。边吃边谈，问长问短：田水够不够用、米够不够吃，谁谁谁怎么样……

1976年，宁化县遭遇倒春寒，播下的稻种烂了，人误地一季，地误人一年。在这紧要关头，人们想到了谷文昌，请他帮忙。谷文昌满口答应，立刻与有关方面联系落实。60万斤稻种，及时播撒在宁化大地上。这一年，宁化县粮食又喜获丰收。

“有代志（事情）找谷书记”

谷文昌经常对家人和身边的人讲：“群众上门不容易啊！咱也当过农民嘛，应该知道农民来见官，可不像走亲戚串门那样随便，一定是有急事、有难事才来找我们。到了门口，他们还得想一想，来的是不是时候，人家高兴不高兴？过去衙门是为有钱人开的，穷人是进不去也不敢进去的。”因此，群众找他反映问题，三更半夜敲门他不嫌，穿戴破烂他也不嫌。以至于当时东山流传这样的顺口溜——“有代志（事情）找谷书记”。

梅雨丝丝。一位神情忧郁的青年妇女，迟迟疑疑地走进谷文昌的办公室。她叫曾凤颜，家住铜陵镇。

“你要反映什么问题?”曾凤颜迎来的是谷文昌和善的眼光。

“我苦啊……”曾凤颜诉说了自己的苦衷：丈夫被调到南靖县工作，家里留下了年近九旬的祖母、身患残疾的婆婆和几个年幼的孩子，这扶老抚幼的重担，全落在了自己身上。加上经济困难，她难以支撑。

“能不能把我丈夫调回来工作?”曾凤颜红着脸，说出了自己的要求。

“我们一定认真考虑。”听完曾凤颜的话后，谷文昌点了点头。接着，他看了看浑身淋湿了的曾凤颜，关切地问：

“你是走路来的吧?”

“不，不。”曾凤颜鼻子一酸，矢口否认。

“一定是。”谷文昌指着她的鞋子：“这鞋子上还沾着泥土呢。铜陵镇距离这里 12 公里路，天还下着雨，真难为你了。”

说着，谷文昌冒着霏霏细雨，领着曾凤颜到汽车站，掏钱买了张回程车票，递到她手中。

曾凤颜噙着泪花，待谷文昌离开后，将车票退了，票钱委托车站售票员交还谷文昌。谷文昌一接到售票员电话，马上派两个通讯员骑自行车赶去，在 3 公里外的公路上追到曾凤颜，坚持要用自行车载她回家。

对曾凤颜反映的问题，谷文昌当天就请人事部门设法解决，一个星期后，县人事科长专程到曾凤颜家，告知有关她丈夫调回本县工作一事，已经给南靖县发了商调函。

这对夫妻团圆之后，曾凤颜一心想当面向谷文昌报告并表示感谢，就又一次到西埔去。

时正晌午，在办公室没找到谷文昌，她便向县委会干部打听，往谷文昌的家里走来。

谷文昌下班回到家里，一眼认出曾凤颜，关切地问道：

“问题解决了没有?”

“我真不知道用什么办法报答您的大恩大德……”曾凤颜说。

谷文昌听了，很认真地回答：“其实我也希望你能报答我。怎么报答呢？我告诉你，第一，支持你爱人工作，把家中的老人、病人照顾好，让爱人工作没有后顾之忧。第二，好好培养孩子，让孩子长大以后，成为诚实的人，有知识的人。”曾凤颜含着热泪，点着头，记住了谷文昌说的话。曾凤颜的丈夫回到东山以后，不管在哪个部门，都努力工作；他们的两个儿子，老大在工厂是先进工作者，后来经商，所经营的商店是市工商局认定的“讲道德　无假货商店”；老二1979年考上了大学，现在是重点中学东山二中的高级教师，共产党员。

对于群众的困难，谷文昌及时帮助解决，对于受到“欺负”的群众，谷文昌仗义“为民做主”。

1953年，家住西埔镇的朱进宝筹借了资金，在圩场上摆了个小杂货摊养家。根据营业额，每个月必须缴税二万八千元(旧币，相当于币改后的2.80元)。

朱进宝按月纳税，但不知怎么的，一言不合，把一位税征员给得罪了。那人仗着手中的权力，一下把朱进宝的税额提高了5倍，并且限令交税时间不得超过当晚8点，否则没收摊点！

这明明是欺负人！朱进宝据理力争，可是越争，税征员的态度越强硬！处于弱势地位的朱进宝陷入两难的境地：继续摆摊，那么高的税额怎么交得起？可是收摊不干，一家人的生活该怎么办？

这口气实在咽不下。恼怒之余，朱进宝想起谷文昌，于是鼓足勇气，步行了10多公里，从西埔镇赶到城关。

时已晌午，谷文昌正要休息，一见群众来访，便放弃午休，热情地招呼。见朱进宝气鼓鼓的满头大汗，谷文昌打来水让他先洗洗脸；得知朱进宝还没吃饭，又吩咐通讯员到食堂打来一大碗炒饭。

朱进宝像见到家里的长辈，一边吃，一边诉说自己的委屈。耐心听完朱进宝“倾诉”后，谷文昌劝导朱进宝：“纳税是对国家应尽的义务，我谷文昌如果经商，也会按照法规纳税。但是，如果有税征人员以权践法，待查明后，一定会处理，请你放心！”

当天晚上，西埔税务所两次派人到家里，通知朱进宝上所里去。朱进宝忐忑不安，以为自己告状告坏了，肯定该挨罚了，于是揣上向亲友们借来的钱，硬着头皮去了税务所。

令朱进宝没想到的是，他刚一踏进税务所门槛，税务所所长马上笑脸相迎，非常诚恳：“谷县长上班时挂来电话，查询按法收税的事情，责成我立即调查你所反映的问题，还要求把调查处理情况向他汇报。”接着，税务所所长向朱进宝赔礼道歉：“现已查明，你所反映的情况属实，所以特地请你来所里，向你赔礼道歉，并撤回多开的那张税单。对当事人的具体处理意见，须报谷县长指示才能答复。”所长的一番话，说得朱进宝心悦诚服。他愉快地交纳了当月的税额：二万八千元（旧币）。

“是渔民的生命重要，还是那几条鱼重要”

在群众最无助的时候，谷文昌总是挺身而出，为他们高擎一把伞，为他们扛起一片天。因为，在谷文昌的心里，群众“最重要”。民心，就这样被集聚起来。

1960 年，严重缺粮缺物引起社会矛盾。为了解除饥饿威胁和解决家中用具的匮乏，一些社员或偷公家地瓜、花生之类充饥，或索取他物拿回家用，这也导致他们受到罚款停膳等各种处罚。当时古港大队全村 177 户，被罚款停膳的就曾达 99 户。更有甚者，在路边捡拾的东西，也可能受到处罚。一个社员在铁汤匙（地名）拾到一块破船板，被大队干部发现，即令他全家 3 口人停膳 1 天。为了充饥，这些人只好大部分不出工，到外面偷地瓜。

面对屡次犯错误偷公家东西的社员，大队干部一靠罚款，二靠开会斗争。古港大队干部更是推出惩罚的新花样：犯错误者需当众脱衣服，如有社员不脱，大队干部就亲自上阵脱其衣服。有女社员张某等 5 人，仅因偷了几粒花生，就被上衣脱光，当场大哭不止。这引起社员强烈不满。

得知农村中出现的这些问题后，谷文昌十分气愤，当即为群众“小偷”正名。他代表县委召开常委扩大会议，谷文昌说：“从现在起（指 1961 年 1 月）在农村中除一些惯偷外，对一般社员自私自利拿公家一些东西的都不准叫小偷，叫做贪小便宜。因为这个现象明明是我们给人家搞出来的，大集体生产搞不好，个人‘小私’又弄得光光，叫人家不偷才有‘鬼’。这事要把矛盾搞清，造成矛盾是我们的错，不是工人、农民的错。”在场的许多人听了谷文昌这样激烈又这样深情地为群众说话，感动地流下热泪。

民心是最大的政治。对于严重伤害群众利益甚至要把群众逼上绝路的极端错误行为，谷文昌一经发现，坚决制止。

还是1960年“继续大跃进”的年头，陈城公社有一个副书记，为了争取渔业生产的高产，不顾天气好坏与否，强迫命令渔民下海捕鱼，要求每次每人得捕获250公斤才能上岸，否则“海做地船做棺材，死也不能回”。捕鱼常常要受大风潮流的制约，违背天时，就是违背自然规律，就要受其惩罚，给渔民的生命带来严重的威胁。

这种做法引起群众的极大反感，有人把这事报告了谷文昌。听到汇报，谷文昌怒不可遏，当即赶到陈城公社，找到了这位副书记，怒斥这种做法“真是胡闹至极！是渔民的生命重要，还是那几条鱼重要。”谷文昌这一怒，从此整个渔区再没有发生强迫命令渔民冒生命危险下海捕鱼的事。

而在南下前的1946年，谷文昌在担任林北县第七区区长，在领导土地改革运动划分成分的工作中，由于坚持实事求是，保护了群众的利益，也得到了群众的赞扬。

1946年，根据上级要求，林北县第七区应按比例划定地主、富农。七区所在的石板岩地区，位于高山峡谷之中，耕地很少，而且贫瘠，产量很低。在平川地带一户拥有几十亩、几百亩土地的才划为地主或富农，七区土地最多的农户也就十来亩山地，如果把这样的农户也划为地主，既不符合实际，更得不到群众的理解。谷文昌没有机械地照搬照抄上级指示精神，而是结合当地实际情况开展成分划分工作。

在划分成分过程中，他和区委决定按粮食产量划定。一位李姓农户，一些人认为他应该定为富农成分，结果一算产量，距离富农标准还差两斗，最终被划为上中农。根据各村情况摸出来的底子，全区只能划出十几户富农，划不上一户地主。区里有些思想偏激的干部坚持要在富裕农户中划出一些地主，有一位干部说："没有山神有土地，要在瑙胡子（山区一种低矮丛生的木本植物）里找枪杆子。这样，运动搞起来才热闹，斗争才有声势，工作才有起色。"

谷文昌耐心地做这位干部的工作："我们要实实在在地工作，执行党的政策要讲原则。我们在地方工作，既是贯彻执行党的政策方针的人，又是制定政策的人，不能右，也不能左，不够地主的不能划成地主，不够富农的不能划成富农，能不能掌握好土地改革中党的政策方针，我们就是关键，一定要把好这一关。"由于谷文昌坚持正确贯彻执行党的方针政策，七区的土地改革中划分成分工作扎实稳妥开展，广大群众更是十分满意。

"群众哪里需要我们，我们共产党人就在哪里出现"

群众哪里最危险，谷文昌就第一时间出现在哪里，想群众所想，急群众所急，一线为民排忧解难。

1960 年 6 月 9 日，龙溪地区遭受了一场百年不遇的特大风、洪灾，风雨之大，水位之高，来势之猛，灾情之广，都是闽南有气象记录以来未曾出现过的。但令人欣慰的是，处于台风最猛烈的地区东山县，几乎达到人员零伤亡，财产的损失也降低到最小限度，这离不开谷文昌在关键时刻的及时“出现”。

在暴风雨到来之前，东山县委接到省、地委抗灾紧急电话指示之后，熟悉渔区工作的谷文昌早从老渔民那里知道来自南海台风的厉害，立即召开机关领导和公社党委第一书记紧急会议以及全县各大队的电话会，部署抗灾事宜。

谷文昌强调：此次南海台风威力巨大，又正值农历十六天文大潮，无疑破坏力巨大，为了最大可能地减少人民群众生命财产的损失，应立即从县到公社、大队层层成立抗灾指挥部（所），要求各级党委书记必须亲自挂帅，身临第一线指挥抗灾。

为了增强抗灾力量，谷文昌当机立断，把正在召开的四级扩干会取消，把其中的干部 1000 多人调出，并从机关抽调大批干部，马上深入到公社、大队，加强抗灾领导。这样，从县委按公社分片领导，公社党委包大队，大队主干包小队，层层分工负责，一包到底。各级领导全部亲临第一线，奔赴险工地区，发动群众，向灾害展开斗争。

在抗灾备战中，谷文昌带病亲临第一线，昼夜不眠通宵督战。在他示范带动下，其他县领导也冒着倾盆大雨，奔赴各公社，坐镇最危险地区，与社员一起抗灾。商业、交通、粮食、医院也立即组织供应队、运输队、医疗队、分头深入各地，投入抗灾斗争。“六·九”台风，东山全县死 1 人，伤 2 人；农、渔业和群众的财产也受到部分损失，但比起台风在全龙溪地区以及其他地区造成的损失，东山的损失已经是微乎其微了。

1961年8月初，一连几天的倾盆大雨袭击了东山。3日下午，陈城公社书记打来电话求援："谷书记，我们这里闹水灾啦，到处一片汪洋，200多亩水稻受淹，这些稻穗刚开始长芽，如果水排不出去，今年的收成就泡汤啦。"

一撂下电话，谷文昌就叫过身边工作人员："我们一起到陈城大队看看！"当即，谷文昌就带着两名县委办干部，骑着自行车出发，晚上赶到陈城大队。一下车，谷文昌没有马上进大队，而是挽起裤脚，涉水直奔灾情最严重的地方。经查看，原来排洪沟的通水闸门太小，水一时排不出去。

症结找到了，谷文昌立即进大队，召开群众大会。他带着河南口音的普通话很多村民听不懂，谷文昌说一句，县委办干部翻译一句。当晚，谷文昌就带领群众扛起锄头，连夜修排洪沟。在他的带领下，大伙儿干劲十足，一直干到天亮，终于把受涝稻田里的水排干。这时，谷文昌才又骑着自行车，急匆匆赶回县城。

谷文昌就是这样，对于事关群众生产生活的"急事""难事"，一刻也不停留，立即赶到一线帮助解决。

1961年寒春季节的一天，时任县林业科副科长的林保顺同志突然接到县委书记谷文昌打来的电话，要他马上来办公室一趟。

"小林，下湖大队闹饥荒，你可得去处理一下。"林保顺一赶到，谷文昌马上派了任务。

"这可是燃眉之急，先调拨几袋大米过去。群众的事就是咱们的事。"谷文昌的语调加重了，那紧锁的双眉透露出他正在承受着一种无言的痛楚。

原来，就在这几小时前，在谷文昌骑自行车从杏陈公社回来的路上，被下湖大队的队长林庆福拦住，亲眼见证大队的“大食堂”米缸里一粒米也没有，乡亲们就在生存线上挣扎。

“群众哪里有困难，我们就在哪里出现。”林保顺临出发时，谷文昌再次嘱咐。三天后，县委会正式任命林保顺为樟塘公社副书记兼下湖大队书记，谷文昌再次找林保顺谈话，“保顺同志，县委需要你到下湖，是临危受命。记住，你到下湖的任务，近期的，是带领社员生产自救；远期的，是带领社员发展生产。你一定要给我干出个样子来，就像咱们种树那样！”不久，谷文昌也亲自到下湖大队来，与大家共同制定了一套“搞生产救饥荒”的方案：兴修水利打水井，接着是植树固土，再次发动乡亲们到各处收集牲畜粪便，挖池泥，沤麦梗，制作农家肥……谷文昌时

新華日報

群衆要求幹部撑腰
撑腰也是群衆路綫

堅決撑腰作主鎮壓奸霸
搬開石頭帮助羣衆翻身

沙臨磁蝗蝻續有發展
那裏發現就滅在那裏

五千五百人滅蝗大捷

1947 年 7 月 8 日，《新华日报》报道谷文昌的工作业绩

常抽出时间亲自到大队里来，到田地里作调查研究。在谷文昌的带领下，灾情终于有了转机。几年后，下湖大队生产得到了很大发展，连续被县委、地委、省委评为“先进大队”，奖状和锦旗挂满整个大队部的墙壁，彻底地摘掉了“三类队”的帽子……

“群众哪里需要我们，我们共产党人就在哪里出现”，这种为民情怀，谷文昌在林县工作时就是这样。

1947 年夏收时节，姚村一带发生蝗灾，方圆四五华里的范围内，到处都是蝗蝻，一步之内多的有 30 个，有的像蝇子一样大，也有的已长成飞蝗，毁了大片的麦田。谷文昌深入现场了解蝗灾情况，他把蝗虫用线串住拿到村里，并借用《新华日报》的报道，向群众说明蝗灾的严重性：“我们要迅速行动起来，打一场灭蝗的人民战争。”他及时召开全区村主要干部会议，进行动员，并成立剿蝗指挥部，设立剿蝗大队和分队。随后，全区出动 5300 人开展刨蝗卵、捉蝗蝻、打飞蝗，保住了秋苗。《新华日报》以《五千五百人剿蝗大捷》为题报道了谷文昌带领群众剿灭蝗灾的事迹。谷文昌带领全区群众及时消灭了蝗虫，保住了庄稼，赢得了大家的信任和爱戴，也树立了抗日根据地政府在群众中的良好形象。

“一座不朽的丰碑”

“公”之尊称，于闽南人心中，一如“周公”“包公”之高山仰止。“心有民者、民爱之”，把群众装在心中的干部，自然会得到群众的爱戴、尊重和信任。谷文昌去世后，东山群众尊其为“谷公”，“先祭谷公、后拜祖宗”在东山代代延续，成为一方习俗。

九旬台胞林璋先生携家人跨越海峡祭谷公

一名去世多年的共产党人，得到了人民发自心底最深沉的怀念，被称之为“谷公”，这让曾到过东山，耳闻目睹这一幕的作家梁晓声十分感慨：“我无论如何也想不到，在中国，在今天，一位共产党的县委书记，在他死后，居然会被普通的当地民众尊称为‘公’。”

“公”的背后，究竟有何感人至深的故事？

1980年12月，谷文昌身体每况愈下，此时癌细胞已经扩散。窗外，雨点噼噼啪啪。谷文昌艰难地翻了一下酸痛的身体。“下雨了，该是栽树的时节了！”他自言自语道。妻子进来了，轻声地说：“老谷，东山林业科的吴志成副科长和几位东山老乡来了，你想见吗?”

“啊，想！快让他们进来!”

一见面，谷文昌就问：“老吴啊，造林难，护林更不易。第一代防护林搞起来了，第二代该怎么办？你得做好东山林带的更新换代。以前，那沙滩冬天人站不住脚，睁不开眼，夏天烫得可炒花生，现在一条条绿色长龙崛起了，不容易啊！那可是东山人民的命根子!”

吴科长感动得两眼噙泪，忙说：“谷书记，您放心，保重身体要紧。”

曾跟随谷文昌的通讯员朱才茂，也前往病榻探望。看到虚弱的谷文昌正艰难地与病魔抗争，朱才茂忍不住哭出声来。强忍着巨大的痛苦，谷文昌拿个枕头支撑着慢慢地坐起来，一边交代爱人史英萍“才茂爱喝茶，你回家去拿”，一边安慰朱才茂：“别难过，我的情况还好。”

看到朱才茂，谷文昌又一次想到东山的群众，又专门叮嘱朱才茂：“你回东山后一定要让林业部门想办法，抓好更新换代，否则将来东山要再受风沙之苦了。”

什么叫牵肠挂肚？什么叫生死相依？在谷文昌的最后时光里，最令他牵挂的还是他汗水洒尽的东山岛，还是他日思夜念的木麻黄。

刹那间，朱才茂泪如雨下：都什么时候了，谷书记的心里依然装着的是东山的群众。

感人至深，岂止是这一幕。

1964 年 4 月，谷文昌调任福建省林业厅副厅长。不久，“文化大革命”开始，作为全省林业系统的“走资派”，他经历了九死一生的劫难。

1968 年 2 月的一天，寒风刺骨。东山白埕大队的群众，围拢在村口公路旁——他们曾经的谷书记被红卫兵押着，清洗十几里道路沿途的厕所，此刻正向这里走来。

“谷书记!”林业队队长林龙光闻讯一路小跑赶来，分开人群，挤上前去。

谷文昌正弯着腰清洗路边的茅坑，听见后抬起头来，阅尽沧桑的双眼充盈着焦虑：“龙光，丰产林有没有保护好？这是群众辛苦了十几年才种起来的，不能让人破坏了。”

“从来没见过这样的人，自己的命都快保不住了，还惦记着大家的林子。”人群中发出了轻轻的唏嘘声。

一心为民的官，哪个群众不爱戴？把人民捧在手上的人，人民把他放在心窝里。

“文化大革命”期间，担任福建省林业厅副厅长的谷文昌，被挂牌游街，整日批斗……东山群众一听这消息，心急如焚，坐卧不安，不少人伤心流泪……不久，一批自称是“东山造反派”的人到了林业厅，提出：谷文昌在东山工作十多年，我们要揪回东山批斗！省直“造反派”很支持，说：“天下造反派是一家，行，你们只管把他抓回去批斗好了!”当天，谷文昌跟着“造反派”坐着吉普车出了福州城。这时，“造反派”才向谷文昌亮底：“谷书记，我们怎会造您的反！您领导我们植树造林，您是大好人！听说您在这里遭罪，我们冒险来救您……”

就这样谷文昌被带回东山。有一次，谷文昌在白埕大队清洗完厕所，准备离开时，一个不懂事的孩子盯住他胸口的牌子嚷道：“打倒谷文昌!”旁边一位叫林有水的村民当即扇了那孩子一巴掌：“你这没教养的猴子！没有谷文昌，你烧什么？吃什么？”一句“没有谷文昌，你烧什么？吃什么？”说出的，是所有东山人的心底话，展现的，是谷文昌在东山人民心中的“千钧重量”。

谷文昌临终遗言：“死后，请把我的骨灰埋在东山岛。我要与东山人民在一起……”

1986 年夏，新上任的福建省委书记陈光毅到东山视察。登临赤山林场高高的瞭望塔，纵目四望，近处，是绿色的海洋，远处，是蓝色的海洋，条条绿色长龙蜿蜒在海岸线上。谷文昌的业绩，又一次震撼了省委书记的心。县委书记杨琼汇报：我们想为谷文昌树碑，行吗？陈光毅不假思索：可以，这样的人物应该为他树碑。就在这年，为实现谷文昌弥留之际“埋骨东山”的遗愿，谷文昌的家属向省民政厅及东山有关部门提出了申请。东山县县委、县政府将墓址选定在赤山林场的一个山岗上。副县长刘冰珊、林业局局长沈马顺代表东山县县委、县府和东山人民，专程赴漳州，迎回了老书记的骨灰。

绿树葱茏的赤山顶。县林业局局长沈玛顺领着一班人正紧张地施工，忽然五六个老人气喘吁吁地从山背后攀上来，没等站稳，就冲着沈玛顺嚷嚷：

“这是风水山！造墓坏了风水，我们山口村要晦气的。”

沈玛顺放下锄头，笑眯眯地回答：

“山口村世世代代背靠这风水山，从前有好日子过吗？”

“从前哪有好日子。山口村过去叫乞丐村，一个女孩长到出嫁，还吃不上三斗米。”老人们回答。

沈玛顺又问：“那现在为什么富起来呢？”

老人们七嘴八舌说开了："还不是当年谷书记领导咱造了林子、挡住了风沙！""如果谷书记还在，看见我们家家户户盖新房子，不知有多欢喜！"

沈玛顺告诉老人们："准备安葬在这里的，就是谷书记的骨灰。"

现场，顿时安静了。老人们神情肃穆，他们接过沈玛顺和其他工人手中的锄头、使劲在"风水山"上挖开了。

"谷书记，过去连刮一阵风，您都一脸沙一身汗地赶来看我们，您就永远和我们在一起吧。"一位两鬓斑白的老人，一边挖，一边低声喃喃。

"谷文昌同志万古长青"。1987 年 7 月 15 日，一座丰碑，从赤山林场的茫茫林海中卓然立起。

东山谷文昌陵园谷文昌雕像

当年英姿飒爽，和谷文昌一道南下的干部，已是满头飞雪。他们相继来到谷文昌碑前，深深地向这位英灵不朽的老战友鞠躬：“老谷，立您的碑，说明人民对我们老一辈的敬重。在这里，我们深深地体会到了‘人固有一死，或重于泰山，或轻于鸿毛’的含义。”

一位40年前含泪离别东山的老人，带着一袋树籽风尘仆仆地从海外归来。当他踏上故土时，惊奇地发现记忆中风沙弥漫的荒凉情景已不复存在，连声叹道：“变了，东山变了！”目睹了故乡的沧桑巨变后，这位回乡探亲的海外侨胞恭恭敬敬地来到谷文昌碑前瞻仰祭扫：“共产党真了不起，把东山这么个穷地方的天地都改变了！”

富裕了的东山群众怀着朴素的感情，沿用中华世代相传的习惯，在谷文昌的碑前，烧着一捆又一捆的纸钱。在山口昔日当过乞丐的老农竖起拇指：“谷文昌，大恩人呐！”他们请求：“能不能允许我们集资给塑像盖个亭子？别让谷书记日晒雨淋呀！”

“百姓谁不爱好官！”每年清明时节，陈志英都会带着水果、香烛，来到谷文昌墓前，恭敬祭拜，“时间越久越怀念谷书记”，陈志英说：“50多年前，山口村周边十多公里都是风沙口，很多百姓的房子都被风沙掩埋，是谷书记带领我们栽种木麻黄，建起了防护林带，把这片不毛之地变成了生态旅游岛，这些年搞渔业养殖，我们家也致富了，盖起了四层小洋楼，我们永远记得谷书记的功德。”

1990年，东山全县青少年集资，为谷文昌塑像。当年12月10日，中共东山县县委举行谷文昌塑像揭幕仪式，成千上万的东山人涌向会场，赤山林场中，绿树与红旗交相辉映。当天下午，山口村全村老幼，捧着高香明烛，端着五牲果品，到塑像前隆重地祭奠……

2016年6月22日，谷文昌雕塑在中共中央党校校园落成

2009年9月10日，在中央宣传部、中央组织部、中央统战部、中央文献研究室、中央党史研究室、民政部、人力资源和社会保障部、全国总工会、共青团中央、全国妇联、解放军总政治部等11个部门联合组织的“100位为新中国成立作出突出贡献的英雄模范人物和100位新中国成立以来感动中国人物”评选活动中，谷文昌被评为“100位新中国成立以来感动中国人物”。

在中国共产党成立95周年之际，2016年6月22日上午，谷文昌雕塑在被誉为党员干部“红色摇篮”之称的中央党校落成。

这是继马克思、恩格斯、毛泽东、邓小平、焦裕禄之后，中央党校落成的又一尊“红色雕塑”。

东山人民先祭谷公，后祭祖宗

岁月的洗礼，不仅没有让谷文昌走出人们的记忆，反而让他的形象愈加清晰挺拔，愈加撼动人心。几十年来，社会各界，解放军指战员和学生经常到他的墓前瞻仰凭吊，感叹落泪、抚今追昔；少先队队员常到这里过队日，新党员、新团员选择这里举行入党、入团仪式；每逢春节、清明，自发前来为他扫墓的人群总是络绎不绝。有的老党员还自发常年为他守墓地，扫陵园，担当他感人事迹的义务宣传员……他在东山大地上树起了一座不朽的丰碑，也在百姓心中树起了一座无字的丰碑。正如纪录片《谷文昌》的主题曲《梦圆》所唱的“你播撒一路春风，只为百姓梦圆；你抛却一生名利，只为百姓梦圆”，热情讴歌了谷文昌同志对党和人民事业的无限忠诚，鲜明勾勒出谷文昌同志作为一名共产党员的伟大形象和光辉品格。

福建漳州举行学习弘扬谷文昌精神报告会

结 束 语

2003年7月10日，习近平同志在浙江省委十一届四次全体（扩大）会议上说："在福建，带领福建东山人民改造自然和社会，变昔日荒山秃岭为现在的'国家级生态示范县'和'全省环境最佳县'的谷文昌，现在当地老百姓仍然怀念他，甚至祭祀时也是'先祭谷公、后祭祖宗'。人民群众是共产党的'本''基''源'，党必须相信和依靠群众，始终保持与人民群众的血肉联系。"

习近平总书记指出，"一个政党，一个政权，其前途和命运最终取决于人心向背。如果我们脱离群众、失去人民拥护和支持，最终也会走向失败"；"不论过去、现在和将来，我们都要坚持一切为了群众，一切依靠群众，从群众中来，到群众中去，把党的正确主张变为群众的自觉行动，把群众路线贯彻到治国理政全部活动之中"。学习和弘扬谷文昌精神，就是要像谷文昌那样牢固树立全心全意为人民服务的宗旨意识，胸怀"功成不必在我"的境界，坚定"敢教日月换新天"的决心，树立"建功必须有我"的志向，努力做到权为民所用，情为民所系，利为民所谋，始终把人民利益放在心上，毫无保留地把自己的一生献给党和人民的事业，努力在为人民谋幸福的不懈奋斗中书写人生华章！做到为官一任，造福一方！

四

严管厚爱，管好班子带好队伍

习近平总书记对加强领导班子和干部队伍建设作过许多重要论述，强调各级党委（党组）要坚持全面从严治党、依规治党，坚持不懈加强领导班子建设；党委主要负责同志要管好班子，带好队伍，管好自己，当好廉洁从政的表率。

在十八届中央纪委六次全会上，习近平总书记着重指出：“党委书记要做管党治党的书记，当好第一责任人，对党负责，对本地区本单位的政治生态负责，对干部健康成长负责。要把责任传导给所有班子成员，压给下面的书记，确保责任落到实处。”十二届全国人大五次会议期间，在参加上海代表团审议时，习近平总书记指出：要压实压紧管党治党主体责任和监督责任，督促领导干部把责任扛在肩上，把加强和规范党内政治生活、加强党内监督各项任务落到实处。推进全面从严治党，必须做好抓基层、打基础的工作，使每个基层党组织都成为坚强战斗堡垒。

如何管好班子，带好队伍，谷文昌为我们作了生动的示范。对于干部，谷文昌在思想上教育，在行动上引导，在生活上关心帮助。他公正处事、克己奉公，故而“公生明，廉生威”；他“喊破嗓子，不如干出样子”，干事创业身先士卒，干部一呼百应。为政清廉取信于民，秉公用权赢得人心，他带出的队伍，敢教日月换新天，他留下的精神遗产，值得用一辈子去弘扬……

落实民主生活会制度

对于干部思想认识不到位，在政策执行中出现的偏差，伤害基层群众利益的现象，谷文昌及时开展整风整社活动，推行民主生活会制度，倡导党内民主，要求做错了就坚决纠正。

为进一步推动干部作风转变，谷文昌积极推行民主生活会制度。1962 年 1 月 11 日到 2 月 7 日，中共中央召开“七千人大会”，谷文昌参加了这个会议。党中央在大会上的民主风气，令谷文昌非常激动。他觉得要搞好党的各项工作，首先必须在县委领导班子内大讲民主；而最好的模式，莫过于及时召开民主生活会，让县委领导班子成员畅所欲言，以此敞开心扉，统一思想，更好地开展工作。

4 月初，谷文昌主持召开东山县委领导班子民主生活会，要求大家“总的要根据这次中央会议（即七千人大会）精神来开，不论集体或个人，对事不对人”，“畅所欲言，目的在达到更进一步的团结”。

会上，谷文昌率先检查自己：“我先检查个人问题……在发扬民主——走群众路线上就很差，不能平等对待人，所以这几年工作不深入调查研究，而是走马观花，方针政策贯彻不好，既说服不了别人，也说服不了自己。”“我们县委常委几年来言行上有些不一致，对自己的改造较差。”

在民主生活会上，谷文昌还自我检查在工作中的缺点和不足：过去对集中不同意见、形成决议前的民主工作做得不好；在工作方法上存在问题，分工分口分片工作没有很好解决……在大办食堂、公养毛猪问题上思想简单化和主观主义作风。

“……错误根源，在于县委对民主集中制发扬不够，民主与集中不协调，有的光民主不集中，有的是集中了小民主，使得有些事情产生了是是非非分不清楚。”“我们的作风不纠正，不利于生产，不利团结，不利党的事业。”

为了鼓励大家真诚对他自己和县委领导班子提意见，谷文昌坦言：“我今天代表县委向大家作了检查，不足的地方请同志们揭发批判，帮助我们纠正错误，我们有决心改正……”

在谷文昌的率先垂范下，县委的其他领导也各自坦诚地作了自我批评；同时也大胆指出三年来在工作中出现的一些不正常现象，分析了出现不正常现象的四个原因。谷文昌在民主生活会上总结说：“这次会议‘确实是做到知无不言，言无不尽，畅所欲言，真正地过了党的民主生活’。”谷文昌强调：“做错了，就坚决纠正。”

当年曾参加这次民主生活会的老干部回忆，会后，不少干部群众对这次会议评价很高，认为县委这样的会议多几次，犯错误的人就少了；作风改正得快，提高思想认识，心情舒畅，很解决问题。

县委的民主生活会取得了很大的成功，它使县委领导班子空前团结，齐心协力为战胜严重困难而斗争。在此之后，全县国民经济调整工作进一步深入展开，党内外政治关系上的调整也进入一个新的阶段。

县委领导班子的民主生活会也促使各级党组织将党员民主生活会规定为一种制度：县委规定每 3 个月召开 1 次民主生活会，

公社党委半月 1 次，大队支部每月 1 次；机关、学校、工厂、企业每月 1 次。这种制度一直推行到“文化大革命”才被迫停止。这一时间从县委到基层党支部，从党内到党外，从城镇到农村，民主氛围蔚成风气。同时，民主生活会也促使各级党组织就如何开展批评和自我批评，提出具体要求。各级党员干部实行“四共同”（干部与群众，上级与下级共同商量、共同决定、共同执行、共同负责），使干部与群众，上级与下级加强联系，密切了群众关系。

当年年底的总结会上，谷文昌说：“今年 1 月中央扩大会议后，党的集体领导、分工负责、党内外民主作风有很大进步。”“我们不但在经济上取得很大成绩，在政治思想上和组织建设方面也取得很大成绩。”

大兴调查研究之风

“急需我们及时地教育全体干部，对于工作中的成绩和缺点，做得对或者不对，我们必须，也只能是实事求是地，老老实实地，是就是，非就非，好就好，坏就坏，多就多，少就少，该怎么就怎样，严肃谨慎地对待。”在中共福建省第一届代表大会第三次会议上，谷文昌如是说。为破解“五风”困扰和存在“瞎指挥”问题，谷文昌大兴调查研究之风。

1961 年，在全省开展整风整社、纠正“一平二调”的同时，毛泽东于当年 1 月 13 日向全党提出了大兴调查研究之风，使 1961 年成为“实事求是年”的倡议，对此，谷文昌予以积极响应。谷文昌结合本县3年来受“五风”困扰、产生乱指挥问题的实际，组织学习并深有感触，提出：“一切从实际出发，一切经过群众，一切到生产队。”一时，调查研究之风在东山兴盛起来。

为此，谷文昌派出调查组，深入调查县农业生产的两个典型，其一是先进典型九街大队，形成《九街大队为什么年年增产、年年增收》的调查文章；其二是后进典型港西大队，形成《港西大队为什么连年减产》的文章。调查组对这两个大队从1957年以来的粮食作物、经济作物、牲畜等各项事业增减产情况及其原因，作了具体的分析。

两篇文章，从不同的角度，分析了两个大队在体制上、生产管理和分配上的不同和成效的迥异，得出了制约生产发展的关键所在。根据调研报告分析出来的情况，谷文昌指示各公社党委：“认真总结各个大队、生产队从1957年以来的粮食作物、经济作物、牲畜等各项事业增减产的原因……把症结找出来，属于经验的发扬光大，加以运用发挥；属于缺点的则应交给群众，广泛讨论……”

一时间，在全县范围内调查形成风气。谷文昌针对集体生产和社员个体小自由生产的利弊，到坑北大队进行了调查。发现上年早季因自留地归公，导致社员工余时间白白浪费，造成集体劳动工效不高。后来允许社员利用工余时间进行开荒扩种，所生产的粮食竟占全大队产量的9.4%，从而证实“中央政策指示正确，社员小自由生产是社会主义经济的必要补充”，还证实“社员个体小自由生产搞得好，不但能调动社员积极性，促进搞好集体生产；而且对改善社员生活，繁荣市场更为有利”。调查同时

谷文昌（左二）在西港盐场调研

还发现，社员因为开荒而忽视水土保持，为自己的自留地而与集体争夺肥料等问题。因此必须加强对小自由生产的领导，开荒扩种必须保证不妨碍水土保持，必须发动社员积极积肥，以保证集体生产与小自由生产两不误。

大兴调查研究之风，使县委在调查中接近群众，发现问题，解决问题，正确指挥生产，工作更加实事求是，减少了生产上的瞎指挥和命令风，也改善了干群关系。县委还把调查研究运用到生产技术管理上，凡是对生产技术有不同意见，就通过调查研究，从中选择最佳方案，再制定实施的具体措施，因此，生产技术管理更切合实际，群众满意。谷文昌说："加强调查研究，这也是今年改进干部作风，贯彻走群众路线的重要措施。今年确是少开会，多深入；少发议论，多调查研究；讲实话、鼓实劲、办实事、收实效……我们比较慎重、严肃，真正贯彻了先调查后贯彻、先实验后推广，解剖麻雀，以点带面的工作方法……群众说‘既不脱离大原则，又符合我们的口味’。”

谷文昌（右二）和县委领导深入湖塘村与群众探讨治沙方案

从1962年3月到11月4日，县委组成的调查组，对引起县委关注的问题，诸如农村社员弃农经商问题、保护耕牛问题、社员分配问题等等，调查组深入农村公社、城镇、工厂、渔业大队和其他有关部门，进行细致的调查研究，然后形成书面调查报告，又由县委对这些问题作出具体的批示，要求所在单位和有关部门加以解决，再编成《调查研究》简报，下发各有关部门。这样的调查简报，共编写了37期，对指导工农业生产和人民群众的生活，起到不可低估的作用。其中第4期《陈城大队耕牛问题调查报告》、第9期《当前手工业的一些情况》、第31期《关于铜钵大队包产到组的情况调查》、第32期《当前农村党员干部对走集体化道路的几种思想反映》等调查报告，不失为有科研价值的好文章。大兴调查研究之风，改变了干部的工作作风，也推进了东山各项工作的开展。

除了大力推进调查研究，促进干部工作作风转变、努力做到一切从实际出发，理论联系实际，实事求是、真正始终保持党同人民群众的联系外，谷文昌还特别告诫各位干部：制止送礼、请客，不准有会议费、招待费，要“手脚干净”。

在三年困难时期，由于全县农村人口均在食堂用餐，要使粮食分配达到公平，就应该通过用粮的主要渠道，即通过抓公共食堂来体现这种公平。为此，谷文昌以县委的名义提出：安排粮食生活必须保证不出问题，以“低标准来安排”为原则，实行“按人定量，计算到户，集中保管，按月发票，凭票吃饭，节约归己”的分配原则。为保证粮食分配的公平性，谷文昌亲自挂帅成立安排群众生活委员会。县委分片包干，大抓食堂和生活安排，组织 140 个干部到各个食堂深入大检查；成立食堂管理委员会，抽调党团员 135 人搞食堂，充实炊事员力量；建立粮食管理制度，按月公布账目，实行民主管理。

与此同时，谷文昌还对全县可利用资金，进行全方位的清理，整顿，严格财政纪律，查算冻结基本建设资金等。对于发现的个别干部贪污偷窃公物行为，谷文昌绝不姑息，动辄则咎。当时，有一民政科干部，在负责修缮东山烈士陵园中，偷偷从工地拉走几根木头。接到举报后，谷文昌当即派县委办干部前去调查。最终，县委办干部在这位民政干部的家中发现了工地专用的木头。谷文昌震怒了，指示立即收缴“赃物”，并将这名干部调离民政科。事后，谷文昌还将此事作为反面教材，要求相关部门引以为戒，举一反三，加强对干部的教育。

“政之所兴，在顺民心；政之所废，在逆民心。”谷文昌把坚持群众路线作为教育干部的一项重要内容，他还谆谆告诫各位干部：要坚持群众路线，发扬优良作风，说话办事一是一、二是二，不能弄虚作假，吃饭住宿不搞特殊，关系群众的事同群众商量，不能强迫命令。

为了提高县委及基层干部的政治文化水平，谷书记在县委会议提出创办机关干部学校的建议。学校办起后，谷文昌无论工作怎样忙，总要抽出时间到学校给学员上课，讲党的光辉历史，讲秋收起义、井冈山精神，还讲延安精神、太行山八路军精神，讲党的优良传统。他特别强调干部要学会如何去团结群众，帮助群众，为群众排忧解难。他的讲解深入浅出，令学员们大开眼界。

在谷文昌的“严管”下，彼时东山“清风徐徐”。不少“老东山”回忆：在谷文昌的影响带领下，当时党群关系、干群关系融洽，党内同志关系纯洁。没有大吃大喝、请客送礼的现象，党员干部之间、干部群众之间关系纯洁、融洽，亲如一家人。

“指挥不在一线，等于空头指挥”

在东山谷文昌纪念馆，墙上悬挂着一张照片：黑瘦的谷文昌躬身咬牙，与人一起抬起一块巨石。东山谷文昌纪念馆馆长林文旭说，这张照片，折射出谷文昌毕生的精神气质。为什么连神仙都制服不了的风沙，会被谷文昌制服？干事创业，谷文昌从来都是身先士卒，他说，指挥不在一线，等于空头指挥！

谷文昌在隆陂水库工地与民工一起劳动

1958 年 3 月 12 日，东山县委向全县人民发出了造林的总动员令，很快地，三十多公里长的沙滩上，摆开了十个战区。一幅汇集集体智慧的蓝图正转化为十几万东山军民的意志和行动，转化为改造自然、绿化海岛的巨大力量。

在那些日子里，谷文昌全部身心地扑在植树造林上。他亲自戴着斗笠，扛着锄头，走在战斗的前沿。沙滩上，闪动着谷文昌艰辛劳动的身子；苗圃里，闪动着谷文昌不歇息的身躯；荒山坡上，闪动着谷文昌不疲倦的身影！望着谷文昌瘦弱的身影，东山的老百姓深切地看到共产党人心系群众、为民造福、无私奉献的高贵品质。这种品格，是一种巨大的力量，鼓舞、激励着东山人以百折不挠的英雄气概，勇敢地与大自然较量，向贫穷落后抗争，用辛劳和智慧，去实现绿色的希望。经过数年的不懈努力，全县 412 个秃头山都披上了绿装，3.4 万多亩的木麻黄干林带，在 38 公里长的海岸线上筑起了一道“绿色长城”！

当时，风沙灾害不仅困扰东山，也是沿海地区共同面对的大难题。从平潭到东山，沿海各地都成立了国有林场，积极破解防风固沙难题。

可为什么沿海防护林的成功，偏偏是在自然条件最为恶劣的东山率先实现？

当时在福建省林业厅造林处工作的曹如杨非常好奇。决心到东山探个究竟，见见那位“造林书记”。

“书记下乡了。”

“嗯，等他回来。”

天渐渐暗了，书记还没影。县委同志笑了，“谷书记最讨厌那种只会拿着阴阳盘东转转西看看、华而不实的‘风水先生’做派了，几天之内，可能都不会回来……”小曹抓起小包直奔大队。

那时没车，靠的是自行车和走路。这一追，追了两天，从白埕到西埔，跑了大半个东山。每到一处，不是听村民说“谷书记刚走”，就是“哎呀，谷书记上星期刚来”。

人没见着，小曹却有了答案：能有这么沉得下去、靠前指挥的干部，哪个干部不赶紧跟着上，啥问题不能解决？

遇到困难，谷文昌不是坐在办公室“遥控”指挥，而是带头深入一线，查找问题，带领大家走出难关。

1963 年，东山发生了历史上罕见的奇旱。到了 5 月初，在农村，许多地方连人畜吃水都已经很困难了，早季粮食作物大幅度减产已成定局。对此，作为县委书记的谷文昌心情非常沉重。

他清楚地知道，东山是个缺粮县，粮食丰收与否与农民的生活状况息息相关。倘若旱情再这样延续下去，会导致秋季粮食再大幅度减产，其后果是不堪设想的。因此，当前燃眉之急就是要采取行之有效的措施，夺取秋季粮食的丰收。必须把丰收的希望寄托在秋季。那么，秋季丰收的路在何方？多年农村工作的丰富实践经验，使他对东山农作物的轮作规律了如指掌。他知道，地瓜是东山秋粮的当家作物，而夺取秋粮丰收的关键是从现在起，就要着手培育大量的地瓜苗。在一片如同“火烧埔”一样的地里，怎样培育地瓜苗？带着这样一个课题，谷文昌深入到农村抗旱第一线寻找答案，一线指挥。

曾在谷文昌身边工作过的林泽传回忆，大约是1963年5月的一天，他随谷书记骑着自行车到前楼公社岱南大队蹲点。岱南大队属土质盐碱地，极易受旱，素有“岱南水咸”之称，此番的旱情尤为突出。谷书记在地里，目睹村民们一身汗水一身泥地挖掘着一个又一个抗旱大井，有的大井直径20米，深达十几米，仍然见不到水，心情非常沉重。在大队党支部书记林细狗的陪同下，谷文昌的足迹遍及所有的田间小路，所到之处，映入他眼帘的是一片凄凉景象，早季种下的地瓜藤苗大都变得枯黄。他的心像压着一块巨石，感到沉甸甸的。那天傍晚，谷文昌看到在一畦地势较低的地瓜田里，苗藤枝繁叶茂，很是青翠。林细狗说，这一畦地瓜是从挖掘很深的池塘套井（“池塘套井”就是在干涸的池塘里再深挖一口井）挑水来浇灌的。谷文昌若有所悟地说：“细狗，我们去找老农商量，也许会有一线希望。”当晚，谷文昌前往第18生产队找几位有经验的老农，围绕着“如何做到夏季损失秋季补”这个主题，进行促膝谈心。开头，有几个人感到束手无策，说：“眼下泉水枯渴，地瓜园里没水灌溉，大面积育苗，实在无从着手。”谷文昌对他们提出的难题表示理解，随后，又用商量的口吻说：“我家在河南省林县，那里也种地瓜，可培育地瓜苗的方法不一样。因为那个地方缺水，不在地瓜园里灌水育苗，而是平整出象草席一样的平坦地，再插上地瓜秧子，浇水培育。如果我们这样做，也许可以用更少的水，育更多的苗。”老农们听了谷文昌的介绍，眼睛为之一亮说：“谷书记把我们想说的话都说出来了。”

第二天上午，谷文昌就带着锄头把一块地平整得像果园地一样平平坦坦的，然后一株株地插上地瓜苗，再一瓢瓢地浇上水。大伙也仿照此法做，没半天，就插上一大片地瓜苗。由于像种菜一样精心培育，地瓜苗长得翠绿喜人。岱南村党支部又把这一做法推广到各生产队，为秋地瓜的种植准备足够的地瓜苗。

林泽传说，为了寻找更多的农村抗旱典型，离开岱南村，他又随谷文昌前往前楼公社，入住在公社所在地岱寮村，然后到东英大队下英村考察。下英村与岱寮村仅有一条公路之隔。下英这个小村子，谷书记曾多次来过，有着比较深刻的印象。因为这个村子原先的水利条件比较好，种植水稻的经验也丰富，是全县水稻高产典型村。然而，此番再次步入这个村子时，谷书记却惊奇地发现，原先一片片绿油油的田野却消失了。村干部告诉谷书记，由于没水灌溉，当年的早稻几乎绝收。眼下正在抓紧培养晚稻的秧苗，以便做到“早季损失晚季补”。不过，由于缺水，不可能用水田育苗，只能采用旱地育苗的方法：就是在农地里撒下稻种，然后，挑来打井的水，一瓢一瓢地浇，只要保证秧苗正常生长，一旦下大雨，晚稻插秧就有希望。谷书记充分肯定了下英村的抗旱精神，并觉得其做法值得在全县农村推广，并当即在下英村召开育苗现场会，集中全县农村干部到岱南和下英参观学习培育地瓜苗和秧苗的方法，在全县农村迅速推而广之。

1963 年东山人民同旱魔作斗争的事迹，也引起新闻工作者的密切关注，当年 5 月 24 日《福建日报》刊发《东山干部一心鏖战酷旱》的报道中这样描述："县委书记谷文昌首先以身作则冒着烈日带领干部、技术员和老农踏遍了半个县的许多社队寻找水源，带头参加开挖水渠的劳动，县委副书记陈维仪发高烧刚退，就参加挖渠、打井抗旱，一连干了 7 天……真是书记下田、县长打井，干群一条心，旱年添信心。"

深入一线，坐镇指挥，谷文昌既是指挥员又是战斗员。当年他在隆陂水库一线指挥的身影，至今仍留在很多人的脑海里。

在这里，他每天清晨四点半不到就起床，走遍方圆十几里的工地，实地了解每一处的工程进度和质量。民工实行"三班倒"，他几乎班班都到场。1971 年春节大年初三突然下起大雪，第二天坝上积雪半尺厚，气温降到零下 8 摄氏度。工程技术人员提出，大坝上的积雪必须清除，否则雪化成水渗到土里会影响工程质量。这位"老八路"立即披上大衣，戴上棉纱手套，带头拿起铁铲：

"大伙铲雪去！"

"老谷，你身体不好，这天寒地冻，我们去就行了，你歇会吧！"大家劝。

"这种天气，领导在场可以鼓励大家，别为我担心。"在他的带动下，全体干部和民工都踏着积雪走向大坝大干起来，把大坝上的积雪全部清扫干净，危险解除了。

“喊破嗓子，不如干出样子”

教育干部提高认识，提升工作水平，谷文昌也不是空洞说教，同样亲身示范。他说：“喊破嗓子，不如干出样子。”

在谷文昌担任东山县县委书记期间，陈城公社党委书记林子策正为如何让群众过上好日子而苦恼，可一时又找不出好的办法。一次偶然的机会，他这小书记碰上了谷文昌大书记，向他倾诉了自己的苦衷。谷文昌听了，既是安慰他，也是启发他：“一个当书记的，有了这种良好的愿望，当然很好，可是，还要动动脑筋，想想把这种美好的愿望变成事实。就咱东山而言，就是要制服风沙，才会让老百姓过上好日子!”

接下来的日子里，林子策几次跟着谷文昌一起工作，也终于明白了该怎么“为民造福”。

当时，白埕、山口、湖塘等几个大队沙患极为严重，谷文昌深知这一情况，常常到这些大队指导工作。

林子策看到，谷书记一下来，就马不停蹄地工作，不是在公社研讨植树情况，就是到大队实地检查；不是带头运载树苗下乡，就是亲自指挥、带头植树。每逢雨季，每天总能看到谷文昌在沙滩上忙碌的身影。

让林子策更有触动的是，就是作为普通一兵，谷文昌也不是一个只知蛮干的士兵，而是一个十分讲科学的士兵。

1961 年清明节前的一天，谷文昌又骑着那辆老式单车下来了。林子策再次跟着谷文昌，开始在白茫茫的沙滩、荒丘上巡视

谷文昌在坑北村与群众一起播种

树苗。由于风太大，树苗经不起强风的吹打，经常被连根拔起或拦腰折断。林子策看到，谷文昌虚心向有经验的老农们请教后，决定采用两个办法，一是挖坑埋黄土利于树苗的稳固；二是在种好的树苗周围铺上杂草、芦苇，减少树苗受风力影响。果然效果很好。

林子策又发现，在工作中，谷文昌讲究工作艺术，注意发挥社会各方面作用，努力做到群众的事同群众多商量，大家的事人人参与，广泛听取群众意见再作决策。荒丘上面种木麻黄，是一件极不容易的事。谷文昌通过多方打听、征集意见，并结合自己已有经验，决定撒播黑松籽，果然，黑松籽成活率挺高的。事后在经验交流座谈会上，谷文昌还很谦虚地说："大家齐心协力，再难做的事也可以做好的嘛！"可林子策心里清楚，要没有谷文昌不分昼夜、风雨无阻地带领大家实验研究，虚怀若谷地向大家请教，这一片白茫茫的沙滩、荒丘，能看到绿色的树苗吗？林子策明白了：要干好一件事，就要像谷书记那样，不喊口号，身先士卒，脚踏实地。从谷文昌身上，林子策看到了怎么当领导，也学会了怎么当领导，之前的烦恼，也烟消云散了。

刚刚参加工作的年轻人，是一张白纸，一切得重新学起。作为“班长”，对这些干部要怎么带，怎么教？谷文昌仍是不喊口号，不空洞说教，用自己的一言一行，示范带动。

1957 年秋天，年轻的林嫩惠从福建林业学校毕业，被分配到东山岛工作。一到东山，看到海岛上风沙肆虐，荒山秃岭，满眼凄凉的景象，林嫩惠不禁一阵心寒：“不行，得赶紧求人给挪个地方！”

第二天，谷文昌刚好要实地勘察风沙的流向和沙丘的分布，林嫩惠就被点名一起参加了。

“欢迎，欢迎，我们要治理荒沙，最缺的就是专业人才！你来得太及时了！”得知林嫩惠是学林业毕业的新人，谷文昌很高兴，还专门叫林嫩惠跟在身旁。被领导这么重视，林嫩惠心里顿时非常温暖。

勘察风沙的人们来到亲营和山口村海边。凛冽的东北海风，带着沙子，不时地打在大家的脸上。大家都尽量眯着眼睛，弓着身子，艰难地行走在荒滩上。细皮嫩肉的林嫩惠确实有些受不了。

可林嫩惠却看到，谷文昌让身子背着风，指着眼前的荒沙滩：“技术员，你看，这整片沙滩，就像一张白纸，几年以后，我们的树长大了，就成了绿洲了。有了绿树挡风，社员种地就有

谷文昌（左三）在山口村察看风沙灾情

指望了——你想想，几年以后，下面是蓝色的海，上来的沙滩是绿色的林带，再上来就是农田，田里长着绿油油的庄稼，社员们在这里种地，安居乐业，多美呀！”

“人家谷书记都40多岁的人了，看到的是未来的美好，可是我20岁不到的人，看到的却是当前的荒凉……”这天晚上，林嫩惠一夜难眠，在心里和谷书记作了对比，这一“比”，他心安了。

在接下来的日子里，林嫩惠和谷文昌接触的机会越来越多，他学的东西，更多了……

1958年春天，全县人民在“上战秃头山，下战飞沙滩，三年绿化全东山”的战斗口号鼓动下，斗志昂扬。而谷文昌总是出现在这人群中，显得干劲十足，还常找林嫩惠探讨种树的问题。

这年春天，老天给东山人的治沙出了难题：出现倒春寒。结果，刚刚种下的木麻黄树苗一天天枯黄，成片枯死……再加上听到一些冷嘲热讽的话，林嫩惠既伤心又害怕，他找到谷书记，含着热泪向谷书记汇报了树苗枯死的情况。

“小林，难为你了！我也从中看到你为东山群众的一片诚心，没有把群众的事业当作自己事业的诚心，你就不会有这份伤心的。”人在困难的时候，多么需要别人的理解和鼓励啊！谷文昌这番话，让林嫩惠激动不已，坚定了下一步的方向……为了解决木麻黄如何适应东山的气候条件问题，他在林业技术上大胆试验，用一年多的实验和调查，终于找到出沙滩木麻黄的栽培要领，为后来造林的成功，起到了关键性的技术指导作用。

每每回忆数十年的植树造林经历，林嫩惠总是非常感慨：自己这一生，确是种了许多树，可是自己这一棵“树”，却是谷文昌培育出来的。

他让人心服口服

批评教育干部，谷文昌总是出自“真心”“公心”。对于犯错误的干部，谷文昌也很注意“分寸”“火候”，总是发自真心帮他们改过自新，一有机会就“拉”他们一把。这样的批评教育，干部能不心服口服？

一天夜里十一点多，上级领导抵达东山指导水利工程建设，不幸途中翻车，伤员伤势十分严重，被送往县医院进行抢救。谷文昌接到消息后，马上赶往医院探询伤势。此时，他想起再过几分钟就十一点半，是电厂停电熄灯的时间，而手术需要继续进行。他赶紧摇电话到电厂，想通知延长发电时间。不料，连打几次，电话一直占线。情况紧急，为了防止手术中断，谷文昌二话没说，匆匆跑到电厂。

他找到值班人员，气喘吁吁地说："同志，请……请慢熄灯！刚才有人翻车，正在医院做手术，需要延长通电时间。"值班人员一眼就认出了谷文昌，惊讶地问："谷文昌，您打个电话不就行了？"

"没办法，电话一直打不通，我怕耽误了，就跑了来，还好赶得上。"

"谷文昌，您喝杯茶吧！歇歇脚再走。"值班人员招呼着，端来了一杯热茶。

"不用了，我得马上赶回医院，那边情况还很急。好了，今晚你得辛苦了，我走了！"说着，谷文昌便消失在茫茫夜色中。

此时，值班室的门外一直站着一个人，她是电厂的会计兼接线员小李姑娘。刚才谷文昌的话她都听到了，但她不敢走进来说明情况。紧张加上恐惧，让她的泪水扑簌簌直下。她担心极了，也许明天等着她的是被开除的结果。

第二天下午，病员的情况终于稳定下来了。谷文昌又来到电厂，找厂长询问原因。"你们电厂昨晚电话一直打不通，差点误了大事，怎么回事？"

"哦，电话在办公室里，会计小李兼管接电话。"厂长转向低头不语的小李。

"我，我……"小李姑娘如同受惊的小兔子，不知所措。

"别急，怎么回事？电话坏了吗？"谷文昌亲切地问道。

小姑娘羞红着脸，不住地摇头。这时，厂长似乎想起了什么，“这些天电厂一熄灯，县委的几个通讯员总是打来电话捣乱，说什么‘这么早就熄灯’，搞得小李难以入睡，所以一气之下便提起话筒……”小李听了直点头，心中暗自庆幸厂长知道内情，但毕竟她的做法也是错的，昨晚差点误了大事。

谷文昌恍然大悟：“哦——！实在是胡闹！我回去得狠狠批评他们。不过，今后夜间电话你厂长要亲自管理，不能再出现这种情况！”顿了顿，他又语重心长地对小李姑娘说：“小姑娘呀，我们干工作，不管什么时候都不能把情绪带进来，不然会出大事的。昨晚还算幸运……”

一句话说得小李姑娘的眼泪又扑簌簌直掉，她想不到谷文昌如此宽宏大量。此后，小李认真工作，再也没有出现这样的错误。

20 世纪 60 年代初，国家正处在困难时期，物资匮乏。干部一个月的工资买不了几斤肉，一些干部都跑回家干农活了。孙兆明那时任尖山养猪场场长，30 多岁的他正值壮年，却已饿成水肿，身体一个劲地“胖”起来，已经到了有气无力的地步，从尖山走到商业局开会只有几百米的路，他就得在路上歇好几回。

当时尖山养猪场在西埔的东陂村办了一个酿酒厂，同时利用酒槽喂猪。有一次，酒厂酿出了几百斤米酒，谷文昌知道后，吩咐商业局的一位干部要把这些酒保管好，听候调配。可这位干部不知道忙些别的什么事，竟忘记告知孙兆明。当时，县上的好多干部比农民“胖”多了，往腿肚子一按一个凹印。听说喝一些酒对治疗水肿有好处，于是他们纷纷找到孙兆明，请求买些酒。孙兆明经不起他们的再三请求，就以一斤八毛钱的“供应价”

卖给他们一人几斤。几天工夫，米酒卖掉了100多斤。那位商业局干部听说卖酒的事之后，才想起了谷文昌的交代。他心急火燎地跑来告诉孙兆明，说谷书记已经知道这件事，很生气，还要他亲自去跟谷书记解释，孙兆明心想：这下子完了。

第二天下午，孙兆明硬着头皮去县委办公室找谷文昌。

谷文昌说："老孙，你好大胆，说说米酒都卖给谁了?"一看谷书记那严肃的脸，孙兆明更紧张了，赶紧回答说："米酒是被县上的干部买去的……"接着孙兆明就把怎么卖，卖给谁一五一十告诉了他。谷文昌望着眼前这位基层干部浮肿的黄脸，陷入了沉思。一会儿，他抬起头，语气变得温和多了："老孙，我相信你说的话，这些干部是我们县的宝贵财富。"接着又说："我看你的身体也不行，你也买几斤喝喝吧，把病治好了，才好工作。当然，这一次酒卖了就卖了，今后有类似的事情，你可得事先说一下，好吧，回去工作吧。"接着就送孙兆明出门。

孙兆明原来是准备挨谷文昌批评的，想好了被撤职，然后回家种田的结果。没想到，谷文昌这么通情达理。过后，孙兆明全明白了，这些和谷文昌一起战天斗地植树造林，领导全县人民搞建设的干部，在谷文昌的心里简直就是宝呀。他们个个都得了"水肿"，谷文昌对此实在是疼在心头呀!

"谷文昌在东山威信很高，很得大家拥护，但反过来干部又不怕他，很愿意和他接近，有时大家在路上遇见了谷文昌，都主动打招呼而不是躲起来，为什么?因为大家服他。"宋秋涓说。谷文昌很爱惜干部，虽然有时在会上讲话很严厉，但实际上，谷文昌心地很善良。

"对犯了错的同志，谷书记坚持惩前毖后、治病救人，用土话讲就是‘很好心’。”宋秋涓举了个例子：康美公社书记林某当时犯了右倾错误，受到批判，去东山人民会场劳动改造。林某在受处分时期也经常找谷文昌，谷文昌每次都接见他，和他谈心。1962 年第一批甄别时，就让他“官复原职”了。

“对于犯错的干部，不是一棍子打死，而是一有机会就扶他们一把，所以干部都服他，拥护他，真心去做事。”宋秋涓总结。

“他很体谅干部。”林周发也记得，当时一个公社的书记因为犯错误，被免去公社书记职务，调到县委办当一名普通干部。有一次下乡开展调查研究，谷文昌叫上这位干部一同前往。同行的县委办干部不解：“他都是犯错误的人了，怎么还让他一起来?”谷文昌教育这位县委办干部：“人总是会难免犯错误的，让他一起前往，我们不是可以借这个机会，和他好好谈心，教育帮助他吗?”几个月之后，这个干部被调去参与西港海堤建设，海堤建成后，被就地任命为盐场支部书记，依旧是正科级干部。

“在谷书记身上，需要学习的地方实在太多了”

作为一名县委书记，谷文昌有很多独特的地方。他带领干部群众，推进工作，也有自己独特的方式方法。“好的动机不一定收到好的效果。要把动机和效果统一起来，必须深入群众，吃透情况。”不少亲身经历过谷文昌教育帮助的同志十分感叹：在谷书记身上，需要学习的地方实在是太多了。

东山原是个穷地方，刚解放不久，司法科办公的地点就在城关的一座叫“古来寺”的旧庙里。当时沙长钟是这个科的一位工作人员。

1950年年底的一天，沙长钟在古来寺庙门口边当守卫，边聚精会神地阅读文件。这时候，来了个人，操着北方口音问：“同志，请问杨科长在吗?”沙长钟抬起头，认真地审视来者，就问：“你找他有事吗?”

“当然有事啦。”来者笑了，笑得那么坦诚。听他的口音，和杨科长非常相像，大约是老杨的同乡吧。

“你和杨科长是同乡吗?”沙长钟还是警惕地问。

“你真行，我们的确是同乡。”来者很高兴地笑了起来。

沙长钟放心了，就把他带到杨科长住处，不久也就把这人忘干净了。

第二年夏天，县里抽调部分干部到培训班学习，沙长钟也去了，刚一到驻地，突然一个很亲切的北方口音传来：“小沙，来报到吗?”随着声音望去，只见一个头戴蓝色解放帽的中年人快步跑了过来，热情地帮沙长钟提行李。望着来者，沙长钟也客气地点头笑笑，可是心里好生奇怪：这人是谁，我怎么不认识？可看起来他肯定是认识我的。

谷文昌把沙长钟带到培训干部住宿的地方，边走边问：“小沙，你还在司法科吧。”沙长钟更纳闷了：这人到底是谁？怎么对我这么熟悉，还这么亲热？可是不管沙长钟怎么冥思苦想，还是无法回忆起来。谷文昌走后，同宿舍有熟悉的人，羡慕地对沙长钟说：“小沙，你好行啊，交了个组织部部长，还帮你提行李。”

“谁?”沙长钟感到莫名其妙。

“说你哩。”同宿舍的人说，“刚才那帮你提行李的，就是组织部部长谷文昌。怎么，你们不认识?”

沙长钟心里一点也不是滋味，原来刚才帮着提行李的就是县委组织部部长。可是他怎么认识我呢？整夜的苦想，沙长钟终于想出来了：谷部长就是去年到古来寺找杨科长的那个人。

这下子，沙长钟激动得更是整夜无法入眠，也埋怨起自己来了：我这是怎么啦？认人怎么这么差劲！人家谷部长与我同样是只一次见面，就把我记住了，可我，比他差多了……

不久，是培训学习。谷文昌在干部培训动员会上发言，特别提请当干部的，要学会认人。他说：“我们当干部的，要学会认人，学会怎样在和找你的人说上三句话后，就知道他是什么人，大约会找你什么事，心里好有个准备。这是提高为人民服务效率的基本功。我以我的切身体会告诉大家，一个你的下级，或是一个普通群众，与你见了面，你能够说出他的名字，能够为他做点什么事，帮点什么忙，他肯定会非常感激你，以后你的工作，就更会得到他的支持和帮助。这对我们党的事业，是大有益处的。”会后，一同参加培训的人告诉沙长钟：谷部长认人的功夫可不简单了，在他脑子里的干部、群众，多了！

如何督促基层真抓实干，谷文昌有自己的“一套”。他不时“轻车简从”实地督促、巡查。对于发现的问题，他要求及时整改，整改如何，他仍然要实地检查，眼见为实，满意为止。

那一年，东山县白埕大队的防风林造好后，谷文昌隔三岔五就来巡视，他来时也不告诉大队领导一声，悄悄地来。这天，他发现赤土自然村的林带少了两棵树，急忙叫来村支书和林业队队长。

经过调查，原来是赤土村的一个村民建房子时私自砍掉的。“这还得了！”谷文昌很生气，“这件事的性质非常严重，必须按村规民约，严肃处理！”

大队支书和队长见自己的社员砍了树，让谷文昌气成这样，觉得很对不起书记；又想这个砍树的社员，实在是给大队领导丢面子，所以很同意按村规民约，给予罚款处理。

可是，罚款是最好的方法吗？树已经被砍了，要几年才能长大啊！最后大队长想出了一个办法：“谷书记，你看这样行吗，在村边还有一块空地，按大队规划也需要造林，我看就罚他到那边植1000棵树苗，这既有利造林，又能惩戒此人……”

“嗯？你说用罚种树代罚款？对，这个办法好！”谷文昌脸上出现了宽慰的神色，“实话对你俩说吧，不是我不讲情面，实在是造林不易，护林更难呀！——这样吧，这树什么时候补种上，你什么时候告诉我。”

谷文昌走了。大队领导把处理意见告诉了砍树人。

砍树人自知为了盖自家房，砍公家树，不合情，不合理，也不合法，正愁没法改正自己的错，就说：“行，我甘愿受罚，将功补过！”

于是，砍树人向大队苗圃要了1000棵木麻黄树苗，再按大队所指的沙地，按规格一棵一棵全给补种上了。

大队领导把事情报告了谷文昌。

大家以为这砍树的风波就这样过去了。

谁知，第二天一大早，谷文昌卷着裤管，两脚是沙，突然又出现在大队领导的面前。大队书记和队长丈二和尚摸不着头脑，愣了，不敢面对一脸严肃的谷文昌。

“好啊，你们敢欺骗我！”谷文昌显然有些生气。

“谷书记，真的是补种上了。”大队书记和队长都显得有点急，“是我们林业队看着他补种的。”

“你知道他补种了几棵？”

“……”大队书记和队长你看我，我看你，回答不上来。

“我早上去算过了，一共只种了998棵！”

大队书记松了一口气，也十分惭愧地向谷文昌承认错误：“谷书记，我们工作确实不细致。我们马上叫砍树人再补上！”

谁知，砍树人死活不认自己少种了两棵，他发誓地说：“做人讲信用，我少种两棵做什么？一则对不起谷书记，二则损了自己的信用，三则种两棵，不就是几分钟的工夫吗？”

于是大队领导带着砍树人到了罚种的沙地，算来算去，还是少了两棵。原来，是其中有两处，因为树苗弱小，种树人把两棵合在一个树坑里给种上了。

“这该怎么算？”大队领导无限感慨谷文昌的认真细致，也把这难题推给了砍树人。

“没关系，我再补上。”

……

事情终于解决了。然而，这件事给大队领导太多的思考：在谷文昌身上，需要学习的地方实在太多了。

朱子周曾在谷文昌身边工作过8年，他回忆，当年谷书记下乡时，经常随身带着锄头、水壶、手电筒和雨衣，以便能随时投入工作中。谷文昌经常是走到哪里，就劳动到哪里，不认识他的人，看到他干农活那么熟练，谁也想不到他就是东山的县委书记。有一天，朱子周跟谷文昌下乡，路过宅山村的后坑田，看到一个老农用粗耕粗作的老办法冬种。谷文昌就下了田，跟朱子周讲明冬种深耕细作的重要性，亲自帮老农犁田。并对朱子周说："子周，你不懂得犁，我教你。"朱子周下到田里，谷文昌就一招一式，手把手地教。他又说："子周呀！干这一行，不懂得农业技术，就跟农民说不到一块去呀！"从此，朱子周学会了各种农活。在谷书记的影响下，每次下乡带劳动工具，成了每个干部的习惯。

"有这样的领导，咱家再艰难，心里也暖和"

对于干部，谷文昌除了严管，更多的是关心厚爱。干部也是人，有柴米油盐之忧，也有难言之愁，谷文昌理解，疼爱他们。干部的苦在哪，谷文昌的关爱就到哪。有这样的领导，喊冲锋陷阵，哪个干部不第一个上？

宋秋涓那时是县委办公室副主任，生活却过得很"狼狈"。他工资较低，有两个孩子，又要养（男女双方）两家子。看到宋秋涓衣服上打着补丁，谷文昌立即掏出钱要给宋秋涓添置衣服，当即把宋秋涓感动得泪要流下来。也正因为感动，宋秋涓没有接过谷书记的钱。"他把身边的干部当自己的孩子一样，所以他叫我们冲锋陷阵我们都干。"宋秋涓仍感动不已。

回忆起谷文昌的关系爱护，林周发老人仍心潮澎湃。林周发说，身为县委书记，后来的龙溪地区副专员，谷文昌没有一点点官架子，尤其"礼贤下士"，即使是干部已不在他手下工作，他仍会继续去关心。

“从1972年谷文昌调回龙溪地区任职那年开始，几乎每年春节，谷文昌都会带上家人来家里拜年。”林周发说，“这个‘惯例’一直延续到谷文昌病逝前一年。”林周发十分感叹，领导主动给下属拜年，非常罕见，自己的妻子至今还念念不忘这事儿。

对于一些工作特殊，特别辛苦的同志，谷文昌更是给予了特别的关心。

到谷文昌身边工作前，林泽传是《东山报》一名编辑记者。他回忆，1960年以后，东山进入“瓜菜代”最困难的时期，《东山报》报社人员白天在机关食堂就餐“瓜菜代”。当时，报人晚上加班到半夜，肚子饿了，就煮着自己在小菜园子种的厚叶菜加点盐充饥。不久，县委副书记陈维仪知道了，随即向谷文昌汇报。谷文昌听了，内疚地说：“报社的同志工作实在很辛苦，对他们的关心太不够了。绝不能让他们把身体搞垮，应该给予特殊的照顾。”在县里粮食十分紧缺，粒米贵如珠的情况下，仍破例研究决定：凡是开夜班的同志，每人夜餐供应大米二两半。报社人员第一次告别了“瓜菜代”的夜宵，吃着香喷喷的米饭时，一股暖流不禁涌上心头。

为了东山人民这个“大家”，谷文昌何曾顾及过自己的“小家”，可是，对于干部的“小家”，谷文昌的关心却又是那么细致入微。

1962年一个夏日，时任陈城公社书记的林子策到县城西埔参加会议，会后，在县委第二招待所的理发店里同谷文昌不期而遇。

谷文昌早就听说林子策家庭生活十分艰难，妻子病得很重，为了工作他常常无法陪在妻子的身边照料妻女，村里人因此责怪他。谷文昌对林子策说：“群众对你有意见哩！”

林子策一惊。谷文昌指着林子策的胸脯，认真地说：“听群众反映，你为了全公社的大家，把自己的小家撂在一边了？其实，两个家都要照顾好，没有小家就没有大家，不能因为大家而把小家丢了嘛！”

谷文昌似乎知道林子策在想什么，又亲切地对他说：“小林呀，你各方面压力挺大，这我知道。今后有什么困难就来找我，一起解决嘛！”说完，帮林子策付了理发的钱。临走时，谷文昌又交代林子策：“回家和爱人合计合计该怎么顾好自己的小家！”

回到家，林子策把谷文昌关于小家和大家的看法告诉了爱人。爱人听了，眼泪不知怎的就淌下来了：“有这样的领导，咱家再艰难，心里也暖和！”

“这种共产党员的形象，最能教育人影响人”

1981 年，谷文昌逝世的噩耗传出，20 多位曾经在他身边工作过、他看着成长的通讯员、打字员、炊事员等普通工作人员，涌到了福建龙溪地区医院太平间，在老书记遗体前痛哭失声……

谷文昌追悼会上，一幅洁白的挽幛特别醒目：“为东山人民造福的谷文昌同志永垂不朽”。底下是二十几个“小兵”的署名，按入伍先后排序。

这些“小兵”为什么对谷文昌感情深厚？因为他们的成长，与谷文昌的关心、教育分不开。

他们多是穷苦人家的孩子，小小年纪，就来到谷文昌身边工

谷文昌夫妇与身边工作人员的合影

作：杨巧玲 16 岁，朱才茂 17 岁。欧庆彰 6 岁就死了母亲，到县政府当通讯员时，只有 15 岁……

“小鬼，饭要吃饱啊，吃饱身体才能好。”“小鬼，有空回家看看你爸爸呀，他拉扯你长大不容易。”望着瘦小的欧庆彰，谷文昌笑眯眯地说。

到家里帮着带小孩的杨巧玲是女孩子，史英萍每年给扯两套衣服，夏天一套，冬天一套。

杨巧玲患了咳嗽，痰中带血丝，医生怀疑是肺结核。谷文昌带她上地区医院拍 X 光片复查，拍片的钱和药钱都由谷文昌掏。

谷文昌鼓励大家学习文化知识：“年纪轻轻的，只要肯下工夫，怎么学不会？”这样的话，谷文昌和“小兵”们说过多遍。

“建设祖国需要文化，年轻人要好好学习！”在谷文昌的倡导下，东山办起机关干部学校。县委、县府机关那些在旧社会因为家贫上不起学的“小兵”们，起早摸黑，一干完工作就拼命读书识字学文化，学得好的，谷文昌除了口头表扬外，还奖励他们钢笔、笔记本。

谷文昌也十分关心“小兵”们的生活。

“交男朋友得慎重呢。”杨巧玲刚到谷文昌家中时，谷文昌和妻子史英萍叮咛巧玲，像叮咛自己的女儿。

转眼三年过去，杨巧玲长成亭亭玉立的大姑娘。

有一天，谷文昌和史英萍把杨巧玲叫到跟前：“你看耀水怎么样?”

杨巧玲低下头，心儿怦怦直跳。陈耀水是县委机关通讯员，长得一表人才，还是共产党员。只是老家在歧下村——那个村子贫困偏远，这些年因为海潮侵蚀，出入得乘船。哪有城关姑娘往穷渔村嫁的呢?

谷文昌似乎看穿姑娘的心思，笑着说：

“耀水勤劳朴素，思想又好，找对象，这可是重要的条件啊!”

就这样，由县委书记当红娘，杨巧玲与陈耀水喜结良缘。

身边的人遇到的困难，反映的问题，只要是合情合理，谷文昌总是在第一时间内解决。

陈亚泗是机关食堂中灶事务长。有一段时间，县里客人来得较多，在食堂吃饭加了点菜。因为财务制度严格，公家没给报销招待费，累积起来，食堂里 200 元垫底的资金用光了，无法周转。陈亚泗找谷文昌反映情况。谷文昌听后就一句话：“没关系，我的钱先拿去用。”说着从自己的工资中拿出 200 元解决了问题。

1961 年 8 月，县委办借用干部林木喜请假陪妻子到厦门第一医院做手术。妻子第 7 天出院，身体还很虚弱。当时交通不便，从厦门到东山要坐船转车好几次，林木喜正为这事焦急。谷文昌闻讯，立即派司机林长庚驾驶小车赶到厦门，将林木喜和妻子接回东山。

尽管谷文昌十分爱护这些“小兵”，但是对他们的要求却十分严格。陈掌国一出生父亲就去世，1951 年入伍时才 15 岁。他 1953 年就在谷文昌身边当通讯员、机要员，一直干到 1964 年谷文昌调离东山。20 世纪 50 年代初期，敌机常来东山骚扰。有一回谷文昌带陈掌国过八尺门海峡时，被敌机发现了目标。敌机在空中盘旋，随时可能投弹！为了保护首长的安全，陈掌国毅然把谷文昌按倒，自己趴在他身上……

实行薪酬制度后，陈掌国被定为行政 25 级，月薪才 30 多元，日子过得紧巴巴。1956 年，终于有了调薪的机会。

“掌国，你这次不要提薪。”谷文昌将陈掌国叫来，一下子打消了他提薪的念头。原因是县里还有两个 26 级的干部，有限的名额应当让给薪水较低的同志。

陈掌国没有意见。因为他看到，谷书记对自己老婆也这样要求。

1958 年，朱才茂被保送到龙溪地区广播电影技术学校学习。朱才茂一直梦想着当新闻记者，听到这个消息，他非常高兴。

朱才茂兴冲冲去学校报到，才知道安排他学广播技术。沮丧中，他给谷文昌写了一封信，说：“我的理想不是学技术，我要回来当通讯员。”

谷文昌回了一封信，信中十分郑重地教育他："党的需要就是你的理想、你的志愿。你不但要学，而且要学好！"

一看到是谷文昌的信，朱才茂不敢再说第二句话，就学下去，回来就一直在广播站工作。

公生明，廉生威。

"俗话说瞒上不瞒下。我们长期在他身边，他的一举一动，我们都看在眼里。困难时期，群众喝稀的，给他舀一碗较稠的，他都倒回大锅里。他还一贯严格要求家属，从来不以他的名义拿别人的东西，一根烟都没要过。他要求别人做的，自己都先做到了。你说，这样的人，怎么不叫人佩服？"老通讯员何坤禄的一席话，说透了"小兵"们敬佩谷文昌、心甘情愿接受谷文昌严格要求、批评教育的原因。

谷文昌骨灰安葬在东山后，第一个清明节就要来临。朱才茂在同仁圈里发了个告示：××时间给谷文昌书记扫墓，要去的同仁请到县林业局门前集中。一下子来了20多人！

这一天，"小兵"们在谷文昌墓前栽下了8棵青松，并且约定：每年清明节前的第一个星期天，都为谷文昌扫墓。

"只要活着，我们就继续下去。"朱才茂这么说，潘进福这么说，杨巧玲、何坤禄……大家都这么说。

"我们这一生跟着他，不犯错误，工作做得还可以，与他人的关系也处得还可以，就是比较穷。"沈玛顺说，"但是，遇到这样的老首长，就是叫我们去死都甘愿。为什么？因为焦裕禄是在报纸上看到的，而谷文昌就在我们身边。他是以党的利益、群众的利益为出发点来认真工作的，从来没有想过自己的事。他走到哪里，就把党的好作风带到哪里，这种共产党员的形象，最能

教育人影响人。”

“每次走在岛上，看到谷书记当年种下的树苗长成大树，看到谷书记当年筑的堤修的路依然车来人往，看到谷书记当年兴办的水利还在发挥着作用，我总是感慨万分。”回忆起与谷文昌相处的日子，朱子周仍心潮澎湃：“谷书记其实并没有离开我们，他永远活在东山人民的心中。他的精神永远推动着东山各项事业前进。”

每年清明节前的第一个星期天，20 多个曾经在谷文昌身边工作过的“小兵”，总会相约来到谷文昌陵园，看望老领导，几十年来从未间断

“他一讲话，几千号民工鸦雀无声”

不管在什么地方，在什么样的处境下，教育批评他人，谷文

昌特别注意保护好受批评对象的积极性，维护好受批评对象的自尊。他的批评就如春风化雨，润物细无声，三言两语明了规矩，也进入了干部群众的“心田”。他下放宁化县曾任隆陂水库工地总指挥，当地人回忆：谷文昌一讲话，几千号民工鸦雀无声……

1970 年 7 月，56 岁的谷文昌被任命为宁化县隆陂水库总指挥。来自不同村庄的 4000 名民工，自带铺盖、工具，住在临时搭起的工棚里。这里杂草丛生，毒蛇出没，蚊虫蔽空，加之劳动强度大，生活艰苦，没多久民工跑掉了三分之一。

面对此情此景，谷文昌没有发火，而是深入工棚，与连队干部、民工促膝谈心，讲道理、做工作。他拄着木棍下山，走进跑回民工较多的官坑村，召集村民开会。他和颜悦色，苦口婆心开导：禾口为什么苦？缺水、干旱啊！挖掉这千年苦根，建水库是唯一出路。咱苦干三年，子孙能幸福万年呐！他走进离水库最远的陈塘村。这里的群众不相信水库的水能流到自己家门口，干部也说：“水能流到，我把它喝了！”谷文昌面带笑容，展开水库设计图讲给群众听：瞧，渠道是这么走，这么走的啊……温暖如春的话语，激起了群众修建水库的热情——“改变禾口穷山恶水”的大标语，用白石灰水刷写在山坡上，工地上热火朝天，夯歌四起，声震山谷，车来人往，川流不息。

在水库工地，有的民工把抬石头用的 8 号铁线拿回家，却谎称“丢了”。谷文昌知道后，不在大会小会上点名批评，只是提醒民工认真看管好东西，并让他们去买些铁线来报销。发票开来，财务却不让报销，谷文昌接过发票，掏钱如数付给民工，然后随手将发票撕毁。那些民工见了，默默地低下了头。从此，工地上再也没有发现公家的东西丢失。

以尊重和关心代替板着脸孔批评，让对方自感惭愧，同样也达到教育人的目的。

刚从水利电力学校毕业的小陈爱睡懒觉，常因起床迟吃不上早饭。谷文昌便让他搬到自己对面睡，一到点就叫醒他。

“困呐。”小陈发牢骚。

“可纪律是铁打的呀。”谷文昌和颜悦色。

在谷文昌的督促下，小陈逐渐养成良好的生活习惯。

工地上，有民工偷懒，身强力壮，却专捡小的石头挑。

谷文昌见了，递上一根烟：“你累了吧？休息一下，我来挑。”

那民工红了脸，赶紧再往铁架上添一块大石头，“不累不累”，说着飞步挑走了。

有位出身地主家庭的小青年，人很聪明，砌石头的技术学得很快，但因成分不好心情压抑，发了几句牢骚，有人就批判他。

“小伙子，出身不由己，道路可选择。好好干！”谷文昌知道了，特地过来安抚，天冷，还拎了烧酒送他御寒。

“还是老谷看得起我！”小青年受到鼓励，心情舒畅，在整个大坝的砌造中，发挥了领军作用。

石壁村初中刚毕业的张元合只有 18 岁，来到工地上当推土机手。

“小鬼，累不累啊？”对身材瘦小的张元合，谷文昌疼爱有加，反复交代师傅要多关心他，多教他掌握技术。

工地上的推土机手，晚上 12 点交替班后，回来吃不上夜宵。谷文昌得知马上通知食堂，从第二天起，每晚送夜宵上工地。

“你给我多压几遍，压实点啊。”谷文昌要求张元合。

一天夜里，张元合操纵着推土机压土，进进退退的很有范儿。乡水利工作站的一位干部闲着没事，在一边看了好久，不禁手痒，要求张元合让他也开开推土机。

“我是小鬼，你是干部，要开当然可以。”张元合想都没想就把驾驶座让给他。

背后是深潭。

“小心别掉下去啊。”张元合提醒那位干部，然后教他挂挡、刹车、加油门。

“吐吐吐吐！”推土机挂了最低档进进退退。退到潭边，那干部刹车用力不够，庞大的推土机眼看就要沿着40度的陡坡滑下深潭！

“你赶快下去！”张元合大声呼叫，那干部吓得面如土色，慌忙跳车，张元合扑上去使出全身的力气踩住刹车，推土机后面一个150公斤的柴油桶压爆了，油漏了一地……

这是深夜2点钟的事。谷文昌4点就来到事故现场：

“下来！你今晚出了什么事？”

谷文昌把张元合叫下推土机，听他自己说完事情经过后，狠狠地批评了他：“你怎么可以这么没有责任心？车出问题人出问题，工程完不成怎么办？”

批评过后，谷文昌和张元合一起坐在大坝上，谈了1个多小时。

“那个晚上很冷。”张元合回忆说，“我掉了眼泪。但我心服口服。因为他把利害关系讲得清清楚楚。”

人心齐，泰山移。工地上的技术人员精神饱满，热情洋溢，大都每天工作10多个小时。技术组组长李清楷、技术主管王瑞枝天天要跑遍全部工作面，了解进展，检查质量，调配劳力，计划用料。大坝土料技术员张瑞栋一丝不苟，认真负责，不让一板车混有草皮、树根、腐殖土、小石块的土料填入大坝。1970 年深秋，龙潭内水冷如冰，为了摸清坝址地质情况，技术员李宗斌、陈旭盛双双潜入刺骨的深水层中探明实情。他们身上虽冷，心里却滚烫滚烫。水库大坝至今固若金汤，正是当年谷文昌带着一大批技术人员与广大民工齐心协力的结晶。

结 束 语

习近平同志在2005年1月17日《浙江日报》头版“之江新语”专栏刊发的《“潜绩”与“显绩”》一文中指出：“福建东山县的县委书记谷文昌之所以一直受到广大干部群众的敬仰，是因为他在任时不追求轰轰烈烈的‘显绩’，而是默默无闻地奉献，带领当地群众通过十几年的努力，在沿海建成一道惠及子孙后代的防护林，在老百姓心中树起了一座不朽的丰碑。这种‘潜绩’是最大的‘显绩’。我们常讲的金杯银杯不如老百姓的口碑，金奖银奖不如老百姓的夸奖，说的就是这个道理。”

回首东山几十年来的沧桑变化，总是与谷文昌这个名字联系在一起。谷文昌在东山的14年间，带领干部群众植树造林、根治风沙、兴修水利、改善交通、发展农、渔、盐业……在新中国成立初期的艰苦岁月，这么多工程靠的几乎全是人力，而东山当时总人口还不足10万人！为什么东山人民能够创造如此伟大的业绩？为什么赤地千里的荒岛最终能变成海上绿洲？靠的正是谷文昌这个班长以奋不顾身、吃苦在前的模范行为带动群众，率先垂范，团结县委一班人，上下齐心，带领群众14年如一日一直干下去，东山羽化成蝶，改天换地。还有一个事实是，这些谷文昌带领大家修建的许多工程，不少至今依然十分坚固，也仍在发挥着重要的作用，令人惊叹。可以想象得出，谷文昌在当时是怎么个振臂一挥，一呼百应。

事业要发展，不光靠一个人。谷文昌的事迹再次告诉我们：作为领导干部，如何对干部严管厚爱，激发党员干部干事创业热情，想干事、能干事，又不出事，这始终是一个重要的课题。要管好班子、带好队伍，领导干部自己首先要做好表率，特别是作为“班长”必须有为民谋利的真心实意、有艰苦创业的实干精神、有坚持真理的勇气和韧性、有平民的心态和劳动者本色，这样才能真正得到广大干部群众的信赖支持拥护，党和人民的事业才能不断地向前发展。

五

克己奉公，坚守干净做人底线

“清正廉洁”是党永葆先进性和纯洁性的必然要求，是好干部正气之源，也是党应对“四大考验”和“四种危机”的时代要求。2013 年 6 月，习近平总书记在全国组织工作会议上指出：“好干部要做到信念坚定、为民服务、勤政务实、敢于担当、清正廉洁。”习近平总书记把“清正廉洁”列为好干部的五项标准之一，明确指出好干部“必须敬畏权力、管好权力、慎用权力，守住自己的政治生命，保持拒腐蚀、永不沾的政治本色”。

谷文昌心中时刻惦记着“当领导的要先把自己的手洗干净，把腰杆挺直”，他时刻绷紧清正廉洁这根弦：政策明确不允许的，他坚守底线，模范遵守；政策没有明确禁止的，他高标准严格自我要求。他公私分明，不占公家一点便宜，一分一厘算清楚。他坚持和群众吃一样的饭，参加一样的劳动，不允许有任何对自己的特殊优待，不享受任何特权。他一生清清白白做人、干干净净做事、坦坦荡荡为官，为广大党员干部树立了正确对待权力的为政标杆，展示了一名共产党人“朗如日月、清如水镜”的人格力量，为怎样当一名清正廉洁的好干部作了生动的诠释。

“我们是人民的勤务员，不是官老爷”

廉洁自律的最大敌人是特权思想。谷文昌时刻警醒自己，手中的权力是人民给予的，是用来为人民办事、为人民服务的。他多次拒绝任何特殊优待，带头不搞特殊化。

1959 年 6 月的一天，谷文昌与通讯员何坤禄各骑一辆自行车到樟塘公社樟塘大队调研办大食堂的问题。午饭时间到了，只见大食堂里几口大锅煮的都是番薯丝稀饭，汤水多、薯丝少。

司务长得知县里的“大官”来了，便自作主张捞了一大碗番薯丝比较稠的稀饭，让何坤禄端到谷文昌坐的桌上。没料到，谷文昌一看，皱起眉头。“小何，把这碗饭端回去，换一碗汤水多的来。”吃完饭，交了饭钱，在赶回县城的路上，谷文昌对何坤禄说，作为干部，我们只有与百姓同甘共苦，这样才不会脱离群众。有损党的形象的事，再小的事也不能为。

1960 年，“大食堂”之风席卷全国，集体的一点积累几乎吃光了。大食堂里每餐都是地瓜丝煮牛皮菜，清清的一碗稀汤都能当镜子照。许多人得了水肿病，脸色暗黄，四肢无力，脚杆子一按一个深窝。

一次，谷文昌到东山县礁头生产队了解情况。到了吃午饭的时候，谷文昌径直走到社员中间，招呼大家一起吃饭。这时，生产队队长把一碗白米饭放在他面前，谷文昌环顾四周，几十张桌子清一色摆着一盆盆地瓜和一碗碗几乎清澈见底的“稀粥”，他又低头看一眼面前的这碗白米饭，突然严厉地说：“你们这是干什么!”同谷文昌一起来的一位干部忙小声地说：“谷书记，你身体不好，所以才叫队长特意拿了这碗白米饭。”听了这些，谷文昌站起来，严肃地说：“我们是党的干部，更是群众的干部，我们要和群众吃一样的饭，受一样的苦，干一样的活，群众才会信任我们。”生产队的干部们都惭愧得深深埋下了头，社员们则感动得流下了眼泪。过了一会儿，谷文昌又亲切地说：“乡亲们，既然这米饭已端来了，大家就一块把它吃了吧。”说完，他把那碗白米饭和大家分着吃了。

一碗米饭不行，一斤饼干也不行。

在三年自然灾害的困难时期，谷文昌发动群众开展生产自救，所有机关干部都下基层组织群众抢种蔬菜，解决肚子问题。

这一天，谷文昌带着通讯员潘进福和组织部干事林木喜到湖尾“蹲点”。他白天和农民一起劳动，中午、晚上则约农民开会座谈，三餐和农民一样喝能照出人影来的地瓜稀汤。

当时在大队旁驻扎着一支驻岛部队的连队。连长看到政委（当时谷文昌兼任驻岛部队团政委）在大队里“蹲点”，他找到谷文昌要求他到连队就餐，被谷文昌婉言谢绝。

谷文昌原来就患胃病、肺病，饥饿和长年的劳累，又使他浑身浮肿，气喘乏力。潘进福和林木喜看在眼里，疼在心里。他们一合计，跑回县委秘书室开了张证明，偷偷买回了一斤饼干。夜深了，屋外秋风怒号，细雨飞舞。头顶上的瓦缝不时扑进细沙，直打得人脸生疼。潘进福轻轻走向还在伏案工作的谷文昌。

“谷书记，我们给您买了一斤饼干……”

“什么?”从不发火的谷文昌厉声打断潘进福的话：“是谁叫你买的?不行，给我退回去!”

“我看您没日没夜地工作，人都瘦成这样了……”潘进福忍不住委屈地哭了。

桌上的油灯忽明忽暗，谷文昌叹了口气，轻轻地拍着潘进福的肩头，睁着满是血丝的眼睛慢慢地说：“外面的群众都在挨饿，我这个当书记的能咽得下这些饼干吗？我们是人民的勤务员，不是官老爷，绝不能搞特殊化。国家有困难，群众有困难，我们理应和人民同心协力战胜它。等到人民生活改善了，你再给我买饼干好吗？”潘进福噙着泪，默默地点着头。

就是看病需要调理，他仍然拒绝别人对他的特殊对待。有一次，谷文昌到龙溪地区检查身体，龙溪地区接待处处长（谷文昌的老乡）看到谷文昌身体实在是太虚弱了，便再三叮嘱和谷文昌随行的通讯员陈耀水：“小陈，刚好我们那边养了几头奶牛，你每天早晨就去装一杯牛奶，给谷书记补补身子。如果饲养员问起，你就说是我同意的。”

第二天清早，陈耀水拿起昨晚已准备好的杯子刚要出门，被谷文昌发现了：“小陈，这么早你上哪去？”陈耀水照实说了，谷文昌听了，并没有批评，而是语重心长地开导他：“你想，地委同志们的担子更重，工作更繁忙，他们更需要营养呀，你再想，如果各个县的干部都来看病，每人挤一杯牛奶，哪有那么多的牛奶呀。这位处长是我的老乡，我们更不能搞特殊化，一杯牛奶也不行。”此时，陈耀水叹了一口气对他说：“谷书记啊，您心里什么时候有过自己呀？”

无论何时，何种境地，谷文昌都坚持和群众吃一样的饭，受一样的苦，干一样的活儿。

1970 年年初，谷文昌受命担任隆陂水库总指挥。在这里，谷文昌和其他几位领导干部、技术人员一起，住在山谷中一座破旧不堪、阴暗潮湿的祠堂里，一道睡通铺。两张五尺凳一块旧门板，就是谷文昌的卧床。后来，随着大坝的增高，指挥部要搬到坝头大工棚，他从旧祠堂搬进了新工棚，与其他同志一样，80人同住一个工棚，竹片当床板，稻草当褥子，跟民工吃一样的饭菜，干一样的活儿。

管后勤的同志看到谷总指挥年纪大，工作繁忙，就提出来给谷文昌另外隔个屋子，一来比较清静，二来条件也稍微好一些。可是谷文昌二话没说就拒绝了："我是来这里接受劳动改造的，党和人民信任我，让我当水库指挥部的总指挥，所以我更不能搞特殊，让我跟大家一起住就好了。"由于拗不过谷文昌，后勤工作人员就在一间油毛毡木屋里，帮谷文昌铺上了与大家一样的稻草床。

随着时间的推移，炎热的夏天到了，工地上的蚊虫也越来越多，工人们裸露在外的皮肤都被叮满了包，谷文昌也不例外。再加上高温的烘烤，屋顶上的油毛毡被晒融化，不断地滴下黑色的油，被黑油滴到的皮肤就像被火烧了一般，疼得让人受不了。管后勤的同志再次向谷文昌提出给他另辟住所，可是谷文昌又拒绝了。

在这里，他每天跟大家一起吃钵子饭，吃一样的菜，从不搞特殊。有时食堂的同志想特意给他多加一点菜，他坚决不要。

有一次，食堂的同志考虑到谷文昌年龄较大，而且身子骨也瘦弱，想买点鸡蛋让他补一补身体，可是谷文昌依旧拒绝。他说："大家的心意，我心领了，可是我还是喜欢跟大家一起吃地瓜、喝米汤。"工地生活艰苦，居住在红旗大队的妻子史英萍为了给他补身子，偶尔托人送一点猪肉、鸡蛋到工地给他吃，他总是拿出来给大家共享。

就是在这样艰苦的条件下，56 岁的谷文昌住在工地、吃在工地、干在工地，跟工人们同吃同住了近两年的时间，从来没有因为自己年龄大，或者因为自己在“文化大革命”前是厅长的身份而享受特殊的待遇。他时时刻刻都与工人们在一起同甘共苦，感动了大家，几天下来，指挥部的工作人员都亲切地称他“老谷”。

“像我这样的病，好不了了，不要给国家造成浪费”

建国大业初创阶段，谷文昌深知国家困难，他时时保持艰苦朴素的革命传统作风，自觉抵制享乐主义，甚至于在涉及工作就餐和外出住宿，这对一名县委书记来说再平常不过的事，谷文昌都“斤斤计较”。

1960 年，为修建八尺门海堤，谷文昌请技术人员搞好预算后，亲自到福州争取省计委的支持。不巧，计委领导赴京开会去了，谷文昌便在福州住下来等候。时值 6 月，天气闷热，谷文昌找了家很便宜的旅馆住下，饱受蚊虫叮咬。这一等就是十来天。计委领导回来后了解了这个情况，非常感动，立即对东山的报告进行研究，同意了这份请款报告。

类似谷文昌的“小气”，不胜枚举。

1962 年 1 月 11 日至 2 月 7 日，谷文昌在北京参加中央“七千人扩大会”后，2 月 8 日乘京广线火车抵达广州站，要何坤禄带司机林长庚开县委的旅行车到火车站接他。因途中道路不好走耽误了时间，车到广州已是 20 时 30 分。谷文昌决定住一晚，可是，转来转去，找了 3 家旅店都没住成。何坤禄劝谷文昌，“随便找一家好了，您坐一天火车累了早点休息吧!”可谷文昌却嫌大城市住宿费贵，非要找一家比较便宜的旅店。直到晚上 9 点多钟，大家才找到一家最便宜的小旅社住下来。

外出开会办事，从不借机享受一下，想的是怎么为公家省点钱，就是去看病找地方休息，谷文昌想的，依旧是为公家省一点钱。

1961 年的一天，省委领导到东山视察，听了谷文昌的汇报后，对东山的可喜变化无不感到欣慰，同时，对谷文昌的身体也十分关切：“你看你，脸色苍白，嘴唇上一点血色也没有，也该找找时间去看医生了，身体是革命的本钱嘛。”谷文昌听了呵呵一笑：“我的身体还好，看医生就不必了。”其实，这时谷文昌的胃和肺已有严重问题。省委领导好说歹说，“逼迫”他去看医生，谷文昌才同意到龙溪地区检查身体。

得知谷文昌上来龙溪地区检查身体，地委接待处处长是谷文昌的老乡，专门交代交际处（即现在的漳州宾馆）为他预定一套客房。

这一天，通讯员陪同谷文昌看完医生，来到交际处总台办理入住手续。得知住一个晚上要 10 元钱，谷文昌连连摆手，对服务员说：“你再看看有没有便宜的房间，只要能住就好。”

服务员很无奈：“最便宜的也要 8 元，不过里边没有卫生间。处长说您是东山的县委书记，我们是按照级别给您订的房间。”

谷文昌又是摆摆手："8 元也不行。我们东山是贫困县，不能住这么好的房间。谢谢你，我们再到外面找找看。"

说着，他拉着通讯员就往外走。

那天晚上，谷文昌跟通讯员走遍了市区的大街小巷，最后来到北京路看到一间写着"大众旅社"的招牌。走进一看，这是一个一楼是澡堂，二楼是客房的小旅店，客房里没有卫生间，且床铺的规格也小，每天住宿价格是 1.2 元。谷文昌连声说好，见通讯员沉默不语，一脸不快，安慰道："我是来看病的，有个地方住就很满足了。""可您身体有病，住着不方便，睡着也不舒服呀。"通讯员心疼书记。

"你想，人家干一天活，一个工价才几角钱？我没有参加劳动，哪还有理由要求住好的呢？晚上我们两个人同挤一张床，不是可以为公家省下几块钱吗？"通讯员知道谷文昌的脾气，只好照他说的去登记。

两天后，地委接待处这位老乡来到交际处看望谷文昌，才从服务员口中得知谷文昌嫌贵没住在这里，四处打听才得知是住在大众旅社。百思不得其解的老乡连忙赶来，恳求谷文昌搬回交际处，还是被谷文昌婉言谢绝了。

自从知道北京路大众旅社住宿便宜后，谷文昌每次开会出差需要住宿时，都选择大众旅社作为他的"下榻宾馆"，只是为了省一点"公家的钱"。

守住共产党人的精神高地，谷文昌把对廉洁自律融入血液、嵌入思想，在生命的最后时刻，他仍然要求"别浪费国家的钱"。

1980 年大年夜，谷文昌吃不下年饭。老战友的儿子在北京肿瘤医院工作，春节来拜年，见状请他上北京看病去，他摇摇头：“没事，别浪费国家的钱。”

“老史，你们可别大意啊！”许多人提醒史英萍。于是史英萍把丈夫消化道造影的 X 光片，托人带到上海肿瘤医院，一检查才发现是贲门癌！谷文昌这才到上海就诊，但此时癌症已经扩散，动了两次手术，妙手难以回春……死神一步步向这位坚强的共产党员逼近。

无情的癌细胞在他全身扩散了，他面色苍白，全身瘦得只剩下一把骨头。为了能增加一点抵抗力，医生建议给他注射人血球蛋白，可一听说这种针剂一支要 200 多元，他谢绝了：“不必了，像我这样的病，好不了了，不要给国家造成浪费。”

“当领导的要先把自己的手洗干净，把自己的腰杆挺直”

谷文昌从来都是公私分明，公私都不含糊，甚至是如履薄冰，高标准要求自己。他说：“当领导的要先把自己的手洗干净，把自己的腰杆挺直。”

公款姓公，一分一厘都不能乱花！

1963 年，上级要求整治铺张浪费问题，谷文昌没有因为平时就很节俭而走过场，他根据上级要求，认真检查了县委、县“人委”的铺张浪费问题，并深刻地作了自我批评。在县委预备会上，谷文昌代表县委检查了经济上请客送礼的问题：“经济上铺张浪费，请客送礼，去年（即 1962 年）一年县委和县“人委”就花了1千多元。”

公款姓公，一分一厘要公私分明。

1964年年初，谷文昌接到调令，到福州任福建省林业厅副厅长。临走时，他找来县委秘书朱炳岩：“我们相处这么多年，你给我提提意见吧。”谷文昌在老朱身边坐下，“特别是我有没有欠公家的东西，千万别落下什么。”

“就是那次请客花了20多元。”老朱搜肠刮肚想了很久，很诚恳地说。

请客？谷文昌听了一愣，怎么也想不出来，可是随即要拿钱给老朱。

“我不过随便说说……那钱已经从食堂伙食费结余中报销了。”老朱不肯多说，更不肯收钱，谷文昌只好暂时作罢。

两个月后，朱炳岩意外收到了谷文昌从福州寄来的30元钱和一封信。谷文昌在信上说：“我记起来了，那是两年前，驻岛部队团政委调离东山前，来县委征求意见时，我想部队对东山支持很大，中午就请他一顿。按规定，谁请客谁出钱，这事是你经办的，钱从哪里开支，请你把钱还给哪里……”不久，谷文昌收到老朱托人带来的5元余款，知道钱已还清，终于了却了一桩心事。

“绝不能占公家一分钱便宜。”曾在谷文昌身边工作过的林嘉，一谈到谷文昌廉洁的话题，话根本就停不下来。

20世纪70年代初，林嘉在漳州麻纺厂任副厂长，彼时厂里经常有货车运麻袋到三明。1972年2月的一天，谷文昌来电话告诉林嘉，他准备回漳州任职，本来当地计划用专车把他们一家人和行李送回来，可他不想麻烦当地。谷文昌在电话中“客气”

地和林嘉商量：如果厂里有货车运麻袋到三明，返程时“顺车”把他接回来。

林嘉是厂里的领导，这事不难办。林嘉当即通知正在三明的货车司机，办妥此事。

得知谷文昌已“顺车”到了漳州宾馆，林嘉当即赶过去，一眼看到谷文昌正从车斗艰难爬下来，林嘉吃了一惊：“哎哟，全身上下都是灰尘，满脸是泥土，眉毛是白的，眼睛是红的。”赶紧一问，才知道谷文昌没有坐在驾驶室，而是坐到装麻袋的车斗里。

“车斗里是又闷又热又脏，谷书记您都这个岁数了，一路颠簸……”话没说完，林嘉语塞了。

林嘉说，当时麻袋车就类似现在垃圾车，敞篷，下雨才盖帆布，车斗非常脏，他很难想象这一路八九个小时，谷文昌是怎么熬过来。

尽管是“顺车”，谷文昌还是很较真，一下车就追着算钱：

“多少钱，一定要算，不然影响不好。”

“先去吃饭休息吧，不着急。”林嘉劝。

第二天谷文昌找到林嘉，又问车费的事。林嘉也知道老书记的脾气，没辙，就按照谷文昌的要求，收下了80元。“运麻袋货车来回一趟的总运费才一百元多，他付了80元，可不便宜啊!”林嘉感叹，“谷文昌就是这样，一点都不占公家便宜。”

谷文昌一点都不多占公家便宜，东山县委办退休老干部还记得一件事：谷文昌在东山家里“人口众多”，包括谷文昌夫妻和五个子女，以及谷文昌的岳母、侄女，谷家一共有九口人，分别挤住在两间低矮的小瓦房里，室内没有卫生间和厨房。要做饭只

谷文昌任县委书记时居住的两间平房

得和十几个干部家属共用一个厨房，一烧火满屋浓烟，熏得泪水直流。考虑到谷文昌一家人口这么多，住宿那么拥挤，县委秘书室决定再安排一间宿舍，专门让谷文昌一家使用。谷文昌闻讯后，立即制止说："子女多是我自己的事情，家里有困难自己解决，不能给组织上添麻烦。"随着子女逐渐长大，生活有所不便，最终，谷文昌让大儿子与通讯员搭铺，大女儿在学校寄宿，才缓解了住宿的困难。

"政策不允许的，就是谁来说，也没用"

"公权姓公，不容私用。"谷文昌正是这样，时刻绷紧纪律规矩这根弦。

“政策不允许的，就是谁来说，也没用。”说起老领导谷文昌，谷家当年的保姆杨巧玲充满感情。1957 年至 1960 年这四年间，杨巧玲一直在谷文昌家当保姆，谷文昌廉洁从政的故事，她耳闻目睹过不少，甚至自己都亲身“领教”过两次。

1962 年，经谷文昌夫妇牵线，杨巧玲和谷文昌身边一名通讯员喜结良缘。结婚当天，谷文昌夫妇还参加了他们的婚礼。如果要论私交，可以说他们一家与谷文昌家感情深厚。但就是这样非同一般的关系，当杨巧玲的丈夫找谷文昌想要开“后门”时，仍然是被谷文昌拒绝了。

杨巧玲回忆，1974 年，婆婆已 70 多岁，就要求儿子设法为她准备一副“大厝”（棺材板）。杨巧玲丈夫满口答应，他想起时任龙溪地区林业局局长、和他们一家关系密切的谷文昌。他专程跑到龙溪地区找到谷文昌，要求批几分杉木给母亲做寿板，不料却遭拒绝了。谷文昌说，为母亲买杉木做寿板行孝是件好事，本应该支持，可是木材都是国家按计划指标供应的，自己没有这个权力批，也不能带头破这个例，让杨巧玲丈夫自己另想办法。

1978 年年初，因家里住房困难，杨巧玲申请一块宅基地准备建房子。杨巧玲再次专程跑到龙溪地区找到谷文昌，请求批给她一些杉木。谷文昌告诉她，木材都是国家按计划供应的，他没有这个权力，还建议杨巧玲盖房子用石头和水泥板材料更牢固。

“谷书记就是这样，政策不允许的，就是谁来说，也没用。”杨巧玲很感慨。时过境迁，杨巧玲内心上更加敬仰这位老领导，更经常用谷文昌的言行教育子孙：要活得踏实，过得坦荡。

政策不允许的谷文昌坚决不做，政策没有明确禁止的，谷文昌也严格自我要求，坚决不去做。他始终高标准严格要求自己，心中时时有“畏”。

1964 年，谷文昌调任省林业厅副厅长。两只皮箱、两只木箱、两瓮咸菜、几麻袋杂物，这就是他在东山履职 14 年，先后担任过组织部部长、县长和县委书记的全部家当。

谷文昌在东山时使用的旧皮箱

一天，东山县林业局一名干部到省城找当时分管林业的谷文昌汇报工作。谈着谈着，时间已经很迟了，谷文昌就留他吃了便饭。后来，这位同志回忆，当时吃什么菜，已忘了，只记得谷文昌家里连一张像样的桌子都没有，几张凳子并在一起，饭菜简单地放在上面……这位同志实在看不下去了，回去后，他特意托人用木麻黄木材做了一只小饭桌，给谷文昌送去。可谁知，谷文昌硬是让他把桌子搬走。

“文化大革命”期间，谷文昌下放宁化回来，家当依然如故，生活很是不便。妻子史英萍提议说买点家具，谷文昌也觉得确实该添点东西了，于是就买了竹凳、藤椅、石桌。妻子问他，为什么不买点木头的？木头的结实耐用。谷文昌说："林业厅副厅长的家一下子添了那么多木头家具，外人会怎么说？还不说是揩公家的油，以后一个个还不跟着学？""咱总不能写张条子，声明这些家具是咱自个儿买的吧？我们不能带这样的头！"1972年，谷文昌调回龙溪地区任林业局局长，仍然坚持不添置木制家具。

不仅是对自己，对于子女，谷文昌也提出"严要求"，要他们尽可能不买木制家具。二女儿谷哲芬结婚，想让他批点木材做家具，谷文昌严词拒绝："我管林业，如果我或者我的家人做了张桌子，下面的人就会做几十张、几百张；我犯小错误，下面的就会犯大错误！"

"过分讲究穿着就会脱离群众啊"

1981年，谷文昌与世长辞。按照闽南习俗，人走之后，家人就要为逝者换上新衣服，让其走得风风光光的。而他爱人史英萍在家中竟然找不到一件像样的衣服给他换，最后，史英萍翻箱倒柜，从箱底里找出了谷文昌当年在东山兼任驻岛部队政委时发的一套旧军装。

拿出军装之后，史英萍把衣服抖了抖，眼含泪水走到谷文昌的遗体前，为他换上，嘴里念叨着："老谷，咱们换新衣服了。"在场的很多人都不理解史英萍的这句话，可是跟随谷文昌多年的许多老部下都知道，这已经是谷文昌最好最新的衣服了。

谷文昌穿过的宽口布鞋

在东山，虽然身为县委书记，可谷文昌的衣着和普通群众没啥两样：一套灰色中山装，从新到旧，破了就补，上衣的领子、袖口、衬衫和裤子上还可以看到补丁，脚上常穿一双褪色的灰布鞋，这就是谷文昌一身的行头。谷文昌兼任驻岛部队政委，部队发下来的皮鞋，他也很少穿，有时还送给别人。部队发给他的团级制服，除非特殊场合，他从来不随便穿。他最经常穿的是褪了色的灰中山装和灰布鞋。有一次，办公室的通讯员跟他开玩笑："政委，也该做套新衣服了。"谷文昌笑笑指着身上的农民服说："这不是很好吗？我们是人民公仆，是干革命的，过分讲究穿着就会脱离群众啊。"

在东山工作 14 年，谷文昌只做过屈指可数几套新衣服。对谷文昌的穿着，林嘉也较清楚。

"印象中他只做过两套新衣服。一套是咔叽布面料，一套是'的确良'面料，都是中山装。"林嘉说，第二套"的确良"这套，还是谷文昌要离开东山，准备去林业厅任职才临时订做的。

身为县委书记，穿着这么朴素，家人有时也劝，可谷文昌说："能穿就尽量穿吧。中国穷人多得很哪，浪费行吗？能过得去就算啦""出门人家看的是你的工作"。

县委书记穿着这么朴素，可一听说国家有困难，谷文昌把全家一年的布票都上交了；东山开展救济灾区活动，谷文昌让通讯员从他的箱子里拿出了几套衣服，全部捐给灾区群众。这些衣服可都是按规定发的，他还一次都没有穿过，全是新的……这事在县委引起了很大的反响，不少同志在谷文昌书记的感染下，捐出了很多物品。

穿着，谷文昌不讲究，但他并非认为这是"小事"。1955 年元旦，谷文昌在办公室里看着报告，其中有一份是东山县盐场场长杜淮和云霄县商业科干部林玉英的结婚报告。在那个年代，结婚是需要审查的，谷文昌就是审查人之一。史英萍也很关心杜淮的婚事，知道谷文昌要去见林玉英，特地把当时她与谷文昌结婚时，为其做的衣服拿了出来，让他换上。谷文昌看了下："这到底是谁相亲啊……"随之叹了口气，摇头摆手，让史英萍把衣服收回去。谷文昌其实明白史英萍的心意，但是他就是怕自己穿新衣服，会让干部群众不敢和自己亲近，就耐心地跟史英萍解释道："穿这衣服出去的话，人家还以为我要跟他们保持距离呢。你不要小看这穿着，这是我们和群众之间的关系问题啊。"说完便出了门。

因此，很多时候，出现在干部群众面前的谷书记，是一身简朴的打扮。偶尔，有人也会看见谷文昌披着一件黑色的呢大衣，可大家并不知道，这还是他妻子在旧衣摊"淘"的。

1957 年冬，谷文昌要回林县老家探亲。南下 8 年了，这是他第一次回乡探亲。妻子史英萍在为谷文昌准备行装时犯难了，老谷没有一件像样的衣服，她告诉谷文昌："常言道，衣锦返乡，都出来几年了，家乡人都知道你当了县委书记，是不是做几件新衣服，不然这样回去乡亲们怎么看你。"

可谷文昌却不高兴了："噢，穿几件新衣服回去就派头了，能穿就行，咱们不兴这些，干净整洁就好。"

史英萍知道说服不了他，只好到市场旧衣摊淘，最后花10元钱买了一件旧呢大衣。这件大衣谷文昌一穿就是几十年，事实上平时他都舍不得穿。

如今，这件呢大衣还静静地陈列在东山县谷文昌纪念馆里，默默地向参观者"讲述"一名县委书记勤俭简朴、不失劳动者本色的故事。

"他怎么和我们一样啊"

"吃"，在今天看来，并非多大的事，可在当时特别是困难时期，绝不是一件"小事"，甚至可以说最见清廉本色。

朱才茂回忆，谷书记吃饭不讲究，有啥吃啥。当时规定县委部长以上的领导享受中灶标准的伙食，但谷文昌下乡回到机关迟了，碰到食堂无饭菜，炊事员要重新做，他总是不让，有馒头就啃上两个，没有馒头就煮碗面片汤。炊事员们都说"谷书记是最容易'款待'的"。

每次下乡，谷文昌都跟大家一样，到农民家吃饭，喝地瓜汤、吃窝头，一餐交半斤粮票两角钱。樟塘大队年长的村民回忆，困难时期，谷文昌到大队里蹲点两个多月，和村民一起劳动，一起吃食堂，从不搞特殊，村民吃什么他吃什么，村民吃多少他吃多少。

偶尔，热情的群众想“优待”下谷书记，但这份“热情”一旦被谷文昌发觉，谷文昌马上自觉“躲开”。

1958 年一天清早，谷文昌骑着自行车，披着蓑衣，来到白埕村的“丰产林”。因为最近他发现“丰产林”的株距太窄，需要重新修整，可又担心别人干不好，所以，这几天，他便亲自带着白埕大队的林业队队长林龙光一起来修整这片林子。

晌午时分，林龙光的家人把午饭拎了过来。谷文昌打开一看：两盘小菜，还有一条鱼，随即脸一沉：“你家里也吃这个吗?”林龙光愣了一下，点了点头，“快吃吧，下午还要干活呢!”

临走前，谷文昌又念叨了一句：“龙光，改天我到你家一趟。”第二天，谷文昌真的去了，不为别的，他专看林龙光家的饭桌。谷文昌发现，林龙光家给他做的菜比他们自己的要好得多。从这以后，谷文昌再没有在林龙光家用过餐。每次下到白埕大队，面对林龙光的盛情邀请，他总找出各种借口推托掉。

谷文昌总是说：“我们都是党的干部，也是群众的干部，我们就得和群众吃一样的饭，受一样的苦，干一样的活，群众才会信任我们。”这也难怪，当时刻保持劳动者本色的谷文昌出现在群众的面前时，有的群众会惊叹：“县委书记他怎么和我们一样啊!”

谷文昌书记第一次到东山县梧龙村生产队驻点时，当地的老百姓都很想见见这位“父母官”，但大家都又怕又喜。怕的是这位素不相识的“父母官”架子要是一大起来，侍候不好可担待不起；喜的是毕竟全县最大的“官”要到这不起眼的村子，这可是千载难逢啊。

一会儿，大家伙都涌到大队部里，争着要“长长见识”。好一会儿，人们才从人群中认出了县委书记：上穿一套打着补丁的中山装，脚着一双旧布鞋，手里夹着一支喇叭形卷烟。

这时，谷文昌正和大队干部聊着土地平整、农作物种植的事，地该怎么种苗……他说得有板有眼，头头是道。要不是那口音有点异样，谁也瞧不出他是个“官”。突然，一位生产队队员口不择言，冒出了一句：“除了口音，他怎么都和我们一样啊！”一句憨厚朴实的话把围着谷书记的人都逗乐了，谷文昌也情不自禁地笑了起来：“要不然，我谷文昌还会是多长了一只角，多生了一条腿不成？”

一个县委书记，怎么和农民一样呢？答案是，一个人民的书记，在吃穿方面普通得和普通老百姓没有两样，他融在了人民之中。一句老百姓憨厚朴实的话语，也映衬出了一名县委书记的廉洁如水。

“文化大革命”期间，谷文昌被下放到宁化劳动改造。一开始，乡亲们以为省里下来的厅长一定是白白胖胖的样子，没想到站在眼前的人又黑又瘦，头发花白，而一场简朴的婚宴，更是让大家“大跌眼镜”。

1971 年冬天，闽西山区异常寒冷。进了年关，客家人开始张罗起年货。多事之秋，人们生活虽是很艰苦，但劳碌了一整年的红旗大队的乡亲们，还是搬出藏在谷仓捂在罐里的东西，苦涩中透点喜悦，准备着过年。

腊月二十六，谷文昌的二女儿谷哲芬与女婿孙玉贵从部队到宁化县禾口公社红旗大队办婚事。晚上，谷文昌请王定乾、张仁礼、吴仕茂“到家坐坐”。

到了老谷家，他们才知道他女儿今天结婚！事先队里没有一个人知道。大家赶忙要回家去拿点东西表示一下，老谷挡在门口，拦住大家说：“今天请几位来坐一下，没有什么东西，很简单，只是让你们知道一下我女儿出嫁了。”厨房里，史英萍和谷哲芬在忙碌。狭长的木房子厅堂，谷文昌和客人聊着红旗大队的山山水水，聊着这山水的发展。古旧的木屋看不见半点喜庆的红纸的影子，所感受的却是对红旗大队未来的描绘而引起的热烈氛围。

一会儿，史英萍端上一碗热气腾腾的饺子，对大家抱歉地说：“在北方，婚礼本来要张灯结彩，请大家吃个糖，我们这儿什么也没有，置办不起，请大家不要见笑。”简朴的婚宴，让当地三个“赴宴”的群众很感慨：“我们嫁女儿的时候，再穷也会请些亲戚、办桌酒席，何况马上要过年了。”

四个人，一碗饺子，一杯茶，一支烟。谷文昌就这样把女儿嫁了出去。

“这是公家的自行车，别再磨破了外胎”

谷文昌不注重自己的形象吗？不是！谷文昌非常注意领导者的形象，他常说：“领导的言行举止，下面的人都在看着，学着。”

1956 年 7 月，华侨吴细狗给东山县委送来了一部小旅行车，谷文昌知道后，提出把车分配给公安局。当时有人不同意，认为车是送给县委的，而且县委也没有车。谷文昌说："东山是海岛，处于沿海前线，海防任务重，公安局更需要车。"于是旅行车分配给了公安局。

过了一两个月，几个华侨又合伙捐献了一部大车和几辆摩托车给东山县委，谷文昌又把这些车分配给了其他部门。

一天，谷文昌的老战友、时任龙溪海澄县领导来到东山，当他听说谷文昌没有车，下乡就靠两条腿，便劝道："老谷，买一部车吧。有了车，你就可以跑更多的地方，治理风沙灾害也就更快了。"这句话说到了谷文昌的心坎上，他是多么想早日制服风沙，让老百姓过上好日子啊。可是，眼下东山需要钱的地方实在太多，他笑了笑，说："东山穷，买不起。"这位领导说："我们海澄有一部旧车，你只要花 9000 元钱就行了。"车子买回来后，谷文昌交代秘书："车子出门要登记，不管是谁，无三不出门。"下乡到基层，不可能总会凑齐 3 个人，因此，谷文昌还是很少坐车出门。1957 年年初，谷文昌把这部车上交给了龙溪地区。

谷文昌依然步行下乡，他背着行军壶，带着冷馒头，风里来，雨里去，胃病常常发作。东山群众看在眼里，疼在心里，他们一合计，认为海外亲友捐献自行车比较合适。于是，华侨吴细狗又给东山县委送去了 4 部英国产的"法拉力"（音译）牌自行车。县委决定分配一部给谷文昌。为便于下乡，谷文昌收下了。42 岁的他学骑自行车，总是很吃力，尽管担任"教练"的通讯员和警卫员十分尽责，谷文昌还是摔了不少跤。每次摔跤，"教练"们都会面露愧疚，谷文昌安慰说："不要紧的，做什么事都不会总是顺利，总会遇到失败，就像我们种树，尽管现在遇到了挫折，但是，只要肯下功夫，肯动脑筋，多实践，总有一天会成功。”不久，刚学会骑自行车的谷文昌，就摇摇晃晃迫不及待地带着“教练”下乡了。

对于这部“专车”，谷文昌非常珍惜。一回到家就上锁，不让家人去碰；一有空就上油、擦拭，生怕坏了。

林木喜曾跟随谷文昌下过乡。对于这趟下乡，87 岁的老人回忆起来，印象最深的是“轮胎”。1961 年 7 月（大约）的一天，林木喜跟随谷文昌骑脚踏车下乡，指导铜砵大队整顿三类生产队，整整忙了一天，到了晚上 6 点钟，两人骑车赶回县城西埔。

公路上坑坑洼洼。当骑到东沈大队时，谷文昌突然跳下车来：“坏了！车后轮内胎消气了！”那时农村没通电话，林木喜正在着急，只见谷文昌蹲下身子，扛起脚踏车就大步往前走。

林木喜急忙说：“谷书记，前面三四百米远的南埔大队岭上有间修车铺，让我推过去修理吧！”谷文昌说：“这怎么行？这是公家的自行车，别再磨破了外胎。小林，我们轮流，一人扛车，一人推车。”

听到书记要亲自扛车，林木喜急忙说：“还是由我来吧！”

于是，林木喜解下绕在车后架上的一条备用麻绳，绳子一头挂在自己右肩上，另一头绑在谷文昌的脚踏车车架上，将后轮吊起来，只让前轮着地，双手扶着车走。

走到南埔大队岭上时，修车铺已经关门，他们只得将自行车寄放在附近等待修补。林木喜骑的脚踏车后架破旧又不能载人，两人就推着车一起步行。回到县委时，已是晚上 8 点钟了。

就这样，从 1957 年到 1964 年，这部脚踏车一直陪伴着谷文昌，踏遍了东山大半的山山水水，走进千千万万个农户家中。

请省委书记吃番薯

廉洁自律的底线思维，已内化为谷文昌的自觉本能，以至于当年省委书记要来东山视察，负责接待的同志还拿不准主意时，谷文昌竟脱口而出：请省委书记吃番薯。

1963 年春天，闽南遇上了百年不遇的大旱，时任福建省委书记叶飞同志心急如焚，带着省里一帮人下来检查旱情。走完了几个灾情比较严重的县以后，叶飞带着大家，向他最担心的海岛——东山进发。

一个难题摆在东山负责接待的同志面前：叶飞，福州军区司令员、上将、福建省委书记。这样大的领导，怎么招待？负责接待的人心里没底，觉得还是请示一下谷书记才好。谷文昌听了汇报，心里也愣了一下，一会儿，他笑了："你到白埕大队挖些番薯来。"

"挖番薯？"负责人莫名其妙，问："要那干什么？"

谷书记笑得更欢了，说："你不是问我招待叶书记吃什么吗？"

"您的意思是请叶书记吃番薯？"负责人急了："那么大的领导，让他吃普通农民的饭食？要是招待不好会犯错误的！"谷书记依旧是笑，向负责人挥挥手："叫你去，你就去。还有，你再准备些本地的小鱼、小虾，青菜。你别急，出问题，我负责，行了吧？"

叶飞一行的车子进了东山岛的门户——八尺门。一进岛，所有的人都愣住了：岛上所有的山头，一片深绿；海边沙地上，是一排排两三米高的树，俨然一座绿色的长城。身经百战的叶飞被眼前这绿色的大地触动了。1953 年，“东山保卫战”后，他曾经来过东山，那时，这地方到处荒沙，海风肆虐，老百姓生活很艰苦。“多美的绿色啊！”车上的人都禁不住赞叹起来。

这时，谷文昌领着县委、县政府的干部迎了上来。叶飞书记紧紧握着谷文昌的手，兴奋地说：“十年不见，东山变化实在太大了！种了这么多的树，庄稼长得这么好，不简单啊！我可要感谢你这个‘领头雁’！”谷文昌也很兴奋，他指着周围一同迎接的人说：“都是他们领着大家干的。”

“咦，你这么说就不全面了，”叶书记兴致勃勃，“是你，领着他们，领着东山人民干的。”

“是啊，是啊！”县委、县政府的人都感慨地告诉叶书记，“这些年来谷书记带领我们种树治理风沙，苦头可吃多了！”

“我说就是嘛！没有书记带领大家，就不能制服风沙，绿化东山。”叶书记笑了，对周围的人说，“真希望沿海地区有更多的地方像东山这样。”叶书记的希望，包含了两层意思：一是希望福建沿海有更多像谷文昌这样的领导，能带领大家治理风沙；二是希望有更多的县，像东山这样，大地绿化，事业欣欣向荣。

午饭的时间到了，主人和客人谈笑风生，在县政府食堂的饭桌旁坐定。忽然，从炊事房里飘来阵阵番薯的香味。叶书记嗅了嗅，兴奋起来：“谁家蒸番薯？味道真香啊！”谷文昌马上接过了话茬：“是食堂在蒸番薯，请书记尝尝东山海边番薯的味道。”听他这一说，站在饭桌旁的接待负责人额头马上渗出了汗，脸上一阵尴尬，惴惴不安起来。

“请我吃番薯?”叶书记的脸上荡开了笑，“你怎知道我爱吃番薯？我老家也到处都是番薯啊！这东西好！老谷啊，请我吃番薯，你就是我的知己了！我们都是劳动人民的儿子，都是革命战士，吃番薯，心里踏实!”在一旁的接待负责人听了，脸上一阵惊喜。

上饭菜了，一大盆热气腾腾的番薯，红红的皮，黄黄的肉，发出诱人的香。叶飞吃了第一口番薯，就赞不绝口：“这是哪个地方种的番薯？多好的味道啊!”

“是白埕大队。”谷文昌向叶书记汇报了白埕大队过去所受的风沙灾害，汇报了这个村子绿化后，农民终于能够种上庄稼，生活得到改善的情况。叶书记听了非常高兴，更大口地吃了起来……

回福州的路上，叶书记感慨不已，话也多了起来。“东山的书记谷文昌，这人好哇！请我们吃番薯，可见不把我们当外人。”随行的人也是称赞不已。

1964 年 2 月 29 日，福建省“1963 年度农业先进单位和先进生产者代表大会”在福州隆重召开。省委书记叶飞点名要东山作典型发言。

3 月 2 日，谷文昌上台作了题为《用革命精神改造自然、建设海岛》的典型发言，全场掌声雷动。

3 月 6 日，叶书记在闭幕会上，面对上万个到会的人号召：“希望我省沿海地区有更多的东山县。”

1964 年 4 月，谷文昌书记调任福建省林业厅副厅长。

结 束 语

2015年6月30日，习近平总书记在北京会见全国优秀县委书记时说："焦裕禄、杨善洲、谷文昌等同志是县委书记的好榜样，县委书记要以他们为榜样，始终做到心中有党、心中有民、心中有责、心中有戒，努力成为党和人民信赖的好干部。"

谷文昌一生始终把廉洁自律真正落实到每一个选择、每一次取舍、每一项行动中，严以修身、严以用权、严以律己，为广大党员树立起廉洁自律的标杆。永葆共产党人清正廉洁的政治本色，是我们党一贯坚持的鲜明政治立场，也是人民关注的重大政治问题。古往今来，清正廉洁作为一种重要的从政品德和政治伦理，一直被视为施政之本而广受推崇与赞美。以全心全意为人民服务为宗旨、以实现民族伟大复兴为己任的中国共产党人，自当以清正廉洁为立身之本，以清正廉洁为正气之源。学习弘扬谷文昌精神，最根本的在于牢固树立正确的世界观、人生观、价值观，走好为什么、做什么、留什么这一人生"三部曲"，把这些问题想清楚了，想正确了，把路子走对了，我们就能做到一身正气，清清白白做人、干干净净做事、坦坦荡荡为官。

六

言传身教，带头树立清廉家风

2016 年 12 月 12 日，习近平总书记在会见第一届全国文明家庭代表讲话时强调：“无论时代如何变化，无论经济社会如何发展，对一个社会来说，家庭的生活依托都不可替代，家庭的社会功能都不可替代，家庭的文明作用都不可替代。无论过去、现在还是将来，绝大多数人都生活在家庭之中。我们要重视家庭文明建设，努力使千千万万个家庭成为国家发展、民族进步、社会和谐的重要基点，成为人们梦想启航的地方。”

当官为子女留下什么？谷文昌的回答是——清白持家、简朴本分、为民奉献。谷文昌不许家人沾公家的一点油，不允许家人利用自己的影响搞特殊，谋取私利，甚至政策允许的事，他也不为子女“争取”。谷文昌不关心自己的妻子和儿女吗？不，因为在他的心中，还有比亲情更重要的东西，那就是党性原则，在亲情与原则的天平上，谷文昌总是选择了后者。

“要永远记住：清清白白做人，认认真真做事”

在人们的印象里，谷文昌的先进事迹多体现在他任东山县委书记期间，面对恶劣的自然环境和人民群众摆脱贫困的热切期盼，带领东山人民战风沙、植树造林、围海造盐田、筑堤坝、建水库；在文化上抓教育、扫文盲；在经济上大力发展种植业、捕捞业、养殖业等事迹。殊不知，在他优秀品质和崇高精神的背后是良好的家风和严格的家规！

对家人，谷文昌有着深厚的感情，可是他总是把这种感情和党、人民的利益紧紧联系在一起，和党的纪律规矩联系在一起。

1980 年，由于长期不分昼夜辛勤工作，谷文昌的食量一天天减少，身体一天天消瘦。在妻子史英萍的再三催促下，谷文昌去医院作了检查。主任医生把结果细细地看了一遍又一遍，最后不得不写下了诊断结果：贲门癌晚期。从孩子们红肿的眼睛和妻子乱了方寸的举动中，谷文昌意识到死神向他逼近了。

他把孩子们叫到床前，和颜悦色地说：“人总是要死的，一个人活着，得为他人着想。我奋斗了一辈子，甘愿！因为路走对了。无论走到哪里，不要忘了你们是谷文昌的孩子！”

他又无限深情地拉过老伴的手，对孩子们说：“你们的妈妈一天天老了，她跟我这么多年，吃了不少苦，也受了不少委屈，你们要孝顺她……”话没说完，一行清泪便顺着脸颊流了下来，孩子们已泣不成声。

去世前几天，谷文昌又把妻子、孩子叫到病床前，断断续续叮嘱："我走后，要把机关为我配备的东西清理清理，自行车要交，电话要拆……不能公私不分。要永远记住：清清白白做人，认认真真做事……永远跟党走。"

谷文昌一家人合影

谷文昌出身农民家庭、文化程度不高，他没有留下诸如诫子书、示儿诗之类的遗训。但是，他用自己的崇高德行和平日里的一点一滴书写的不成文家规，至今仍深深地影响着谷家一代一代的后人……

几个孩子还记得父亲的叮嘱——

大儿子谷豫闽记得父亲这样说：你作为县委书记的儿子，更要注意团结同学，不能盛气凌人。

小儿子谷豫东记得父亲这样教育："我是领导干部，如果我自己本身不带头，底下的工作怎么做呢?""咱们的老家在河南，你在东山出生，给你取名豫东，就是要你时刻记住，不要忘记父老乡亲，不要忘记共产党的养育之恩，你要争取早日入党。”

……

几个孩子还记着被父亲训斥的那一幕：有一年春节，有个乡亲送了一些牛肉到谷文昌的警卫员那里，只说了一句“送给谷书记”，就丢下牛肉跑了。警卫员正不知所措，恰好看到谷文昌大儿子谷豫闽路过，就把牛肉交给了他。看到是卤好的牛肉，谷豫闽就拿回宿舍和弟弟妹妹们吃了一些，剩下几块拿回了家。“群众的东西你们也敢要？”谷文昌回家得知情况后，大发雷霆，狠狠责骂孩子。随后，谷文昌专门到送牛肉的群众村里，向乡亲赔不是，说孩子不懂事，收了东西没给钱，再三道歉，并把牛肉的钱还给了乡亲。

……

谷文昌夫妇与女儿谷哲慧、儿子谷豫闽在一起

几个孩子还记得父亲对群众的感情——

在几个孩子的记忆中，常常是早上起床时父亲已经出门了，晚上睡觉时还没回来，有时一连好几天都在乡下和群众“混”在一起。有时父亲好不容易在家，仍然不时有群众找上门来反映困难，父亲总是热情接待，还经常留困难群众吃饭。家里没有多余口粮，煮的饭客人吃了，一家人就得饿肚子，有时看着群众吃饭，几个孩子躲在旁边饿得流口水……

在几个孩子的心中，这些当年父亲的教育，并没有因时光流逝而模糊，反而在岁月的洗礼中愈发的清晰。

大女儿谷哲慧说，以前对父亲有怨言，小时候一周见不到父亲几次，长大以后在工作和个人待遇上也没“沾到光”，当时不明白为什么父亲连自己的子女都不帮，甚至还要“阻挠”，后来我们慢慢理解，父亲是一个公而忘私的人，是一个把自己的一切献给人民群众的人，看到东山发生的翻天覆地变化，看到人民群众这么爱戴他，我们感到很骄傲，也会让好家风一直传承下去。

“你是县委书记的妻子，你穿这样的衣服合适吗”

作为县委书记，谷文昌特别教导家人要艰苦朴素，不管在行动上还是思想上，都不能脱离群众。

在行动上特别是穿着方面，谷文昌不仅自己身体力行，艰苦朴素，对家人也是非常严格。

妻子史英萍跟着他从老家到东山 14 年，也是穿着打补丁的旧衣服，谷文昌竟然没有给她买过一件新衣服。

1961 年年底，史英萍要回林县探亲，特地买了一件带花格的新衣服。谷文昌说："你是县委书记的妻子，你穿这样的衣服合适吗?"史英萍便把衣服退了。

又一次，史英萍偷偷地买了几尺花布给自己做了一件衬衫，没想到此举不仅遭到谷文昌的一顿教育，甚至还禁止她穿这件新衣服。谷文昌语重心长地教育妻子："现在东山人民的生活还这么困难，你穿着这样漂亮的新衣服出去，心里好受吗？你也别不痛快，等将来大家日子都过好了，我一定给你买一件新衣服。"谷文昌的一席话，让史英萍把这心爱的新衣服收进了箱子，也让艰苦朴素成了家人的一种常态。

"吃苦，当时觉得很光荣。"在生前的一次接受采访中，史英萍笑眯眯地说，"我们穿打补丁的衣服，补丁贴在外面，膝盖上贴方的，屁股后贴圆的，老谷的衣服都是我补的。"

谷文昌的子女回忆，父亲出门时，叮嘱他们最多就是这一句话："你们好好读书，衣服破了自己补一补。"

谷文昌的子女，经常穿 3 角钱一尺的"民主蓝"布衫。大儿子谷豫闽上了大学，穿的短裤，还是他爸爸那磨破了膝盖的长裤改的。而小儿子谷豫东穿的毛背心则是父亲谷文昌穿破了洞的毛衣重新织的……每当孩子们因为穿着问题向谷文昌抗议时，谷文昌总是用一句话把孩子们堵回去：我们是农民的孩子，要勤俭节约，这衣服又没坏到不能穿，有一句老话说得好，"新三年，旧三年，缝缝补补又三年"。

除了穿着，在生活其他方面，至今留在几个孩子的记忆深处的，依然是简朴。

时隔 50 多年，谷文昌的小儿子谷豫东仍对家里的"饭桌"

和饭菜印象深刻。家里没有饭桌，东山县政府宿舍院子里的这张废弃石桌就被利用起来，大多数时候，石桌上的菜是地瓜和腌制的咸菜，半个月才能吃上半斤肉，父母舍不得吃，5 个小孩每人能分到一两块肉片。“遇到下雨家里人只能端着碗在屋檐下吃饭。”谷豫东说。

在 20 世纪 60 年代困难时期，谷文昌家人与老百姓一样吃糠咽菜

当年，东山一些群众看到，谷文昌的家人经常拣农民丢弃的一些烂菜叶，就感到很奇怪，问他们做什么用？他的家人就告诉大家，是拿回家喂鸡鸭用的。“其实回家后，她们就把没有腐烂的部分挑出来，洗干净了炒着吃。”杨巧玲曾在谷文昌家当过保姆，她回忆道：谷文昌家人吃顿面条就算“改善”了，每次做面条，就擀了薄薄的面片，下一点长豆角、白菜，浇上醋。家里母鸡生的蛋都舍不得吃，还要拿去卖。有时星期天，史英萍还带

着家人到附近的山地捡柴割草、采集野菜，或到附近的田园里捡收成后落在地里的地瓜叶。“日子也是过得很艰苦的。”

日子很苦，但谷文昌要孩子们克服。他常常对孩子们说：“看看老百姓穿的什么，吃的什么，你们不能一饱忘百饥啊！”

1961 年，大女儿谷哲慧进入高中三年级。为了增加营养，冲刺高考，学校提高毕业班学生的伙食标准，但是每月要多交 2 元钱。谷哲慧回家告诉父亲后，父亲板起脸，告诉她，先到东山的渔村、农村看一看人家的生活，再来和他商量。

1963 年，侄女史水仙的儿子已到上幼儿园的年龄，吃饭却总爱挑挑拣拣。一天，谷文昌叫来这位“小宝贝”，让他到城郊一位农家吃“忆苦思甜饭”（牛皮菜加地瓜稀饭）。事后，他对史水仙夫妇说：“从小不能让小孩养成爱享受的坏习惯。”

在谷文昌家人的眼里，那时家里也没有什么“传家宝”。大女儿谷哲慧说，父母都是穷苦人家出身，始终保持着劳动人民的本色，不贪图物质的享受，一辈子勤俭，家里从没置办过什么贵重的家具。从河南到东山、福州、宁化、漳州，父母的行囊里，永远都只是一些简单的工作和生活用品。直至病逝，谷文昌也没有留给家人什么值钱的东西，除了他的这些“家训”。

在生活上不能脱离群众，思想上不能脱离群众。谷文昌教育亲属子女：“一个人活着要有伟大理想，要为人民做好事，为人民奋斗一辈子”“不能看不起穷人”。

当年谷文昌全家下放宁化，住在红旗大队。有一次红旗大队来了几个乞丐，小女儿谷哲英那时年幼，跑到后面张望，有时也和小伙伴一起呵斥乞丐。谷文昌知道后很生气，教育大家说，乞丐生活有困难，我们不仅要同情他们，更要想办法帮助他们。

把调薪的名额让给别人

1980年9月，在组织安排下，由妻子史英萍陪同，谷文昌再次来到上海肿瘤医院接受治疗。已到了癌症晚期，谷文昌也意识到，属于自己的时间已经不多了。

谷文昌与爱人史英萍

此时他躺在病床上，端详着陪伴在身旁、面容憔悴的妻子，心里充满了愧疚。史英萍和谷文昌一样，有着苦难的家世。1946年，她在家乡河南济源参加革命。1949年，参加长江支队南下福建，被分配在南靖县工作。1952年，两人在东山结婚。从此，史英萍作为妻子加战友，与谷文昌风雨同舟，从东山到福州，从福州到宁化，从宁化到漳州，历尽了千辛万难。在谷文昌最困难的时候，她总是陪伴在身旁，给予他特有的理解和宝贵的支持。她是一位伟大的母亲，她用柔弱而坚强的双肩，担起这个家，用无私的母爱，抚育 5 个子女的成长，也让谷文昌能够集中精力投入工作。她克服右手残疾带来的不便，兢兢业业做好本职工作。她不论走到哪里，总是和当地群众融合在一起，当好一名贤内助，默默支持着谷文昌的工作。

看着一路风雨，依然静静地守候在自己身旁的妻子，谷文昌觉得自己对妻子关心得太少了，然而，他能为妻子做点什么呢？

谷文昌用平缓的口气说：“英萍，我们回家吧。明天你陪我去一趟南京路。”第二天，谷文昌在史英萍的陪伴下来到南京路，在一家服装店里，他亲自为史英萍挑选了一件衣服，这是他第一次也是最后一次给史英萍买衣服。他动情地对妻子说：“记得那一年在东山，你扯了几尺花布给自己做了一件衬衫，还挨了我的批评。当时我答应过你，等将来大家日子都好过了，我一定给你买一件新衣服。这件衣服你就留着作个纪念吧。这辈子亏了你啊！”史英萍强忍住泪水，默默接过谷文昌买给她的衣服……

1952 年后，干部逐步从供给制转为薪金制。史英萍是南下干部，解放初即任东山县民政科科长，1952 年转薪时定为行政 18 级，此后都未提升过。直到谷文昌去世后的第三年即 1984 年，史英萍才按照政策升为行政 17 级。为了一次的晋升，史英萍等了足足 32 年。谷文昌二女儿谷哲芬回忆道：“父亲对我母亲说过，咱们都是贫苦农民出身，党把咱们培养成国家干部，应该满足了，我们两人工资加起来还是可以的，调薪名额应给比你工资低的同志。”

谷文昌在东山工作期间，东山干部先后迎来两次调薪机会，分别是 1956 年和 1963 年两次。而对于 1956 年这次的调薪，谷文昌在东山的第一任秘书林嘉还印象深刻。林嘉回忆，那次调

薪，整个县政府只有 22 个名额，而有资格参与调薪的干部达 300 多人。在这样的情况下，谷文昌主动带头放弃，还在会上要求所有科长们带头放弃，把名额让给各科、部门中薪金还很低的普通干部。“我当时是政府办主任、机关党支部书记，史英萍是人事科科长、机关党支部副书记，都属于谷书记要求要主动放弃调薪的对象。”林嘉说，这种背景下，谷文昌肯定要求史英萍放弃。

“这是公家的车，你们没有权利使用”

谷文昌从不允许家人占公家的便宜，揩公家的油。

1960 年夏的一天，东山县委食堂挂出一块牌子：早餐改膳，每人两根油条。大儿子谷豫闽到食堂买了两份。吃饭时，谷文昌一看不对劲：“怎么多出了一根?”

“我也不懂，说买两份，炊事员就给了……”

“那你快拿去退了。”

一个月后，大女儿谷哲慧端着一碗食堂的炒白菜进了门。

“买多少?”谷文昌问。

“一盘。”

“一盘哪有这么多，这不是揩公家的油吗?”

谷文昌与妻子商量决定，今后，不让儿女到食堂去买菜了，自己做。

大女儿谷哲慧结婚时，史英萍托人买了两床当时凭票供应的绸缎被面。谷文昌知道了，就批评妻子和女儿：“县委书记的女儿结婚，就可以走后门搞特殊化？老史，你也是多年的党员了，怎么能乱来呢？”最后，史英萍在谷文昌的要求下，将缎面退了回去。三年困难时期，她和谷文昌的几个孩子宁肯一起去挖野菜吃，也绝不到集体食堂去要一点食品。

不允许家人占公家的便宜，一张电影票也不行。

一天晚上，谷文昌刚回到家里，看到二女儿谷哲芬正兴致勃勃地向家人讲电影中的故事。谷哲芬正讲得高兴时，谷文昌突然问：“看电影买票了吗？”谷哲芬回答说没人给她钱买票，是看门的阿伯叫她进去的。一听到女儿没买票就进电影院看了电影，谷文昌很生气，他严肃地批评谷哲芬：“看门的阿伯知道你是我谷文昌的女儿，所以才放你进去白看了一场电影。我多次告诫你们的话，你们总是左耳朵进去，右耳朵就飞走啦，根本不往心里记。你们没钱看电影，如果县委干部的子女都去效仿，那成什么样子了？”批评完女儿，谷文昌拿出 1 角 5 分钱，要求她第二天一定要去补票。

涉及公家的车子、房子，谷文昌更是这样严格要求家人。

谷文昌有一辆专属自行车，因公出差经常穿梭在东山的村庄路上。对于自己的专车，谷文昌十分爱惜，一回家就上锁，一有空就上油、擦拭。有一天，因工作忙，忘记锁，被孩子拉出去学，他回家一发现，对孩子说道：“谁叫你们用车子？这是公家的车，你们没有权利使用！”

大女儿谷哲慧顶了一句：“不就一辆破车吗，有什么了不起！”听了这话，无疑是火上浇油，谷文昌大发雷霆，狠狠地训了女儿一顿。女儿哭了，刚来不久的岳母也心疼地掉眼泪了。平静下来后，谷文昌安慰女儿说：“爸爸态度不好，可公家的车不能占用，已经对你们讲过多少次了。你们要想学车，等爸爸有钱了，给你们买一部嘛。”

小女儿谷哲英的公公是一位领导干部，由于工作变动上调福州。公公上调福州后，给谷哲英小两口留下一套三房一厅的公房。这个情况被谷文昌知道后，他立即把女儿叫回家中，要求女儿把公房退还组织。他说：“这一套公房是组织分配给你公公的，你公公已经调走了，论条件论资格，你们小两口根本无权住这么大的房子，应立即搬出去，把公房交还组织。”谷哲英恳求父亲，自己正在怀孕，搬家什么的不方便，等把孩子生下来，孩子稍大一点再搬。谷文昌不同意：“多等一天，群众的看法就多一天。这样好不好，如果你们没地方住，先回家住一阵子，等有了房子再搬走。”就这样，谷文昌硬是劝女儿谷哲英把公公留下的三房一厅的公房给退了。后来，谷哲英也没有回家里和父母住，而是搬到集体宿舍去住，一住就是 8 个年头。

侄女史水仙在东山县木器社当搬运工，想让他调换工种，谷文昌说：“姑父是一县之主，我不能帮亲戚搞特殊化。我们反对走后门，而自己又搞这一套，怎么去说服人家呢?”侄女嫁给驻军一个参谋，新房只有 10 平方米左右，地板又十分潮湿，便向谷文昌诉苦，要求帮助调换一间稍大一些的住房。谷文昌严肃地跟她说：“你们还年轻，要好好工作，别忙着讲享受。”

干部要过权力关，不易。过家人关，更难！许多贪官在忏悔时，几乎都谈道：不怕自己吃苦，就怕孩子受穷。谷文昌也爱家人，也疼孩子。只是，他希望让他们一生过得坦坦荡荡，睡得踏踏实实。他谆谆告诫家人，“不能因为你们是我的孩子就搞特殊。”

谷豫东也领教过父亲难得的一次发火，谷豫东高一时，父亲已经从下放地宁化回到龙溪地区任职。那时候物资匮乏，买啥都得凭票。高中男生，起哄买烟，有人怂恿豫东：“你爸不是官吗？他们有买烟指标。”谷豫东攥着凑起来的钱奔小卖部，“我爸是谷文昌，让我买包烟。”果然管用。谷文昌后来得知此事，大怒，不仅狠狠训斥，还领着儿子，到小卖部向阿姨道歉，检讨自己没管教好。“爸爸认为，我打着他的旗号，就是有特权思想。”谷豫东说。

谷文昌经常提醒几个孩子，不能有优越感：“我是群众的勤务员，你是勤务员的儿子，时刻不能忘记群众。”

1957 年，已是中学生的谷豫闽，还是跟以往一样顽皮。因为认为自己是领导干部的儿子，有了身份上的优越感，谷豫闽常说：“老百姓怎么怎么样”，谷文昌听见了，经常教育他：“你也是老百姓，爸爸妈妈虽然是干部，但实际上就是老百姓的勤务员，你无非是勤务员的孩子，怎么能把自己和老百姓区分开呢？”

有一次，谷豫闽和同学因一桩小事争执，打得人家鼻孔流血。谷文昌得知后，马上叫妻子带上鸡蛋，去那位受伤的学生家赔礼道歉。谷豫闽回家后，谷文昌把他叫到跟前：“今天为啥又打架？”谷豫闽仍在找借口为自己申辩。谷文昌火了：“你什么时候学会了强词夺理？我今天就要打掉你的霸气。”说着，·巴掌打在儿子的身上……打完，谷文昌拉过痛哭的儿子说：“作为县委书记的儿子，更要注意团结同学，不能盛气凌人！”打那以后，谷豫闽再也不觉得自己和农民的儿子有什么不同了。他成天打着赤脚，和农民的孩子一块读书玩乐，很快学会了一口地道的东山话，学校里的老师、同学，大都不知道他是县委书记的孩子。大学 4 年，谷豫闽始终保持着艰苦朴素的作风，毕业后到单位报到也一样。在宁化，割水稻、挖水渠，样样拿手，有一段时间，谷豫闽割水稻的速度甚至在村子里数一数二。

"你是我女儿，总不能叫我自己给自己安排吧"

遇到工作调动、个人待遇提升等关口，亲属子女也曾向谷文昌求助，却都无一例外地碰壁。在谷文昌看来，孩子们要靠自己的本事吃饭，不能靠关系向组织提要求、要待遇。谷文昌经常教育子女："为什么要沾父母的光，而不能自己去闯出一片天地，打开一个局面？今天，我们能过上好日子，也不是沾上父母的光，而是沾了共产党的光！"

"爸爸好是好，可我们几个孩子一点也没沾上他的光……"小女儿谷哲英忘不了，她刚拿到高中毕业证书一个星期，父亲就把她的城市户口给退了让她插队去，让她向大姐谷哲慧学习，也上山下乡到农村去锻炼，甚至她想和同学们照一张合影留念都没来得及。

1962 年，谷文昌的大女儿谷哲慧高中毕业，没有考上大学。也就是在那一年，许多高中毕业生都安排到了正式编制的工作，而作为县委书记女儿的谷哲慧却到县财政局当了一名临时工，这让谷哲慧十分不悦。谷文昌看出了女儿的心思，把谷哲慧叫到跟前，开导女儿说："我是县委书记，上级信任我，让我给这些孩

谷文昌送小女儿谷哲英（后排右一）到农村锻炼的合影

子们安排工作，你是我的女儿，总不能叫我自己给自己安排吧？”说完，谷文昌见谷哲慧依旧是气鼓鼓的，又说道：“你还年轻，年轻人就应该多锻炼。”

1964 年谷文昌赴省里任职之前，有关部门领导找到谷文昌，说要将谷哲慧转为正式员工，随谷文昌一起调到省里工作。这被谷文昌拒绝了，谷文昌说：“县委书记的孩子更不能搞特殊，更何况组织上调的是我，不是她，就让她留在东山好好锻炼。”

1967 年，谷哲慧做了 5 年的临时工之后，通过自己的努力，考到了漳州百货公司，从一名临时工变成一名国有单位职工。直到 1979 年，谷哲慧才正式转为干部。

1980 年，有件事令病中的谷文昌感到欣慰：小儿子谷豫东谈了女朋友！谷豫东的女朋友名叫杨小云。谷、杨两家原来关系就好，东山建设八尺门海堤时，谷文昌是总指挥，杨小云的外公是总工程师，两人曾经并肩战斗过。此刻杨小云正面临人生的重要关头：毕业分配。杨小云念师范学校，师范生毕业分配的地域、工作差异很大，不少领导干部的子女，留在了漳州市的政府机关。杨小云也想留市区进机关，她向未来的公公诉说了自己的心愿。

此时谷文昌已经沉疴不起，来日无多。他素来疼爱小儿子。杨小云心想，如果谷文昌出面提这个最后的要求，组织上应该会考虑照顾。没想到谷文昌摇了头："国家培养你这么多年，你还是去教书好。""要不然，能不能安排在一个比较大的学校，更能够发挥作用？"杨小云退了一步。"还是让组织上安排吧。"谷文昌说。

杨小云在校时是学生会副主席，表现不错，最终被分配在市区，但学校很小。杨小云再次来到未来的公公面前，向他汇报："我留在市区了。但是任教的小学规模很小，教师连我在内只有11 人。""不管单位大小，只要肯努力，在哪里都能够做出成绩。"谷文昌耐心地跟杨小云讲道理。于是，杨小云安下心来，在那个小小的学校里努力工作了 13 年。

在谷文昌的严格教育下，谷文昌的子女没有一个在"当官"的父亲那里"沾到光"，享受到什么特权，他们与一般老百姓一样靠自己的本事生活，能干什么就干什么，不管能力大小、岗位如何、职务高低，总是兢兢业业做好本职工作，从不利用父亲的影响搞特殊化，谋取个人私利，也给外人留下了特别的"印象"。

"父亲是县委书记，母亲是县妇联主任，谷家的子女在县里算是'高干子弟'，但在老百姓眼中，这些孩子没有一点儿娇气、贵气。”谈起昔日的同事谷哲慧，退休干部陈炳文仍印象深刻，“1963 年，谷哲慧高中毕业进了县财政科当临时工，人很老实，说话轻言细语，穿着打补丁的裤子。能吃苦，下乡睡地铺，没有一丁点儿千金小姐的脾气。”更让陈炳文没想到的是：“几个月后才知道她是县委书记的女儿，我们都以为她在临时工岗位只是锻炼锻炼，很快就会转正、提干，没想到她从临时工转为正式工，这么艰难，这么漫长。”

陈志英是谷文昌大儿子谷豫闽的初中同学，他说：“豫闽能吃苦，上中学后，他每年寒暑假都会顶着寒风烈日，在盐场拉盐、林场运砂石，自己赚学费。”

“目前，除了小儿子谷豫东在漳州市园林服务中心任主任外，谷文昌的其他 4 个子女都已退休。大女儿谷哲慧是企业退休人员，二女儿谷哲芬退休时是副主任科员，大儿子谷豫闽退休时是厦门检验检疫局调研员，三女儿谷哲英退休时是漳州市工商局的一般职工。”曾与谷文昌在东山共事过的老干部们，对谷文昌几个孩子的近况也清楚，“他们都是很一般的人，没有当官的。”

如今，谷文昌几个子女也相继成了家里的爷爷奶奶，对父亲当时对他们的严格要求，也有了更深的理解。谷哲芬回忆说，多年来，她很少回宁化。2007 年“三八”妇女节，单位搞活动，途经宁化时，特意转到禾口街上吃饭，谈到谷文昌，没想到当时不少群众还记得他。“很多人对他心存感激之情，我听了特别感动。”谷哲芬说。

“路，只有自己走，才会越走越宽广”

在子女眼中，谷文昌严厉，甚至有些“不近人情”，5 个子女在工作、生活上没有得到过他任何“特殊照顾”，甚至政策允许的事，他也不为子女“争取”。

1976 年，谷文昌的儿子谷豫东高中毕业了。在那个年代，高中毕业，就得上山下乡，当农民，除非你符合留城条件，才可以照顾。谷豫东的同学们以羡慕的眼光看着他说：“豫东，就你命好，爸爸当大领导，父母身边就只有你，留城合情合理合政策，可以不用下乡‘滚一身泥巴’。”谷豫东一阵苦笑。凭着他的直觉，恰恰是他的父亲，很可能会是他留城的障碍。

留城，还是下乡，就当时的实际，就是穿皮鞋和穿草鞋的分水岭。谷豫东曾听上山下乡的老知青们心有余悸地说：农村缺衣少穿，粮食不够吃，劳动强度大，很苦。谷豫东多想留在城里：一则自己可以免去体肤筋骨之苦，二则父母年事已高，可以尽点孝道。

可是不知为什么，谷豫东就是没有勇气直接和父亲说。想来想去，心里一亮，走到母亲身边：“妈，我高中毕业了，同学们都在准备上山下乡，可是我最大的愿望就是到工厂当一名工人。您同意吗？”

母亲爱抚地摸摸儿子说：“只要符合政策，能留城当工人当然好，我怎么会不同意？——你问你爸看看。”

“那你跟爸爸说，行吗？”

“自己的事自己做。我已经同意了，你爸的意见，得由你去问。”

谷豫东硬着头皮挨到父亲身边，犹豫了一阵，终于小心翼翼地开了口：“爸，我想留城当工人，您同意吗？”

“为什么？”

“按政策规定，父母身边没有子女的，可以照顾一个留城的名额。您二老都进入花甲之年，体弱多病，大姐已经出嫁，大哥和二姐都不在身边，三姐已上山下乡，我完全可以留城。”谷豫东越说越激动，“况且，您是地区革委会副主任……”

“地区革委会副主任又咋啦？当领导的，这种事就更应该带头。孩子，你还是和同学们一起上山下乡好，跟大家一起，接受贫下中农的再教育。”谷文昌似乎有点生气，“再说，我的身体还可以，要有什么事，有你妈呢。”

“……”谷豫东还想往下说。

可是谷文昌挥了挥手：“正因为我是领导干部，就要带头。我要不带头，底下的工作怎么做呢？”

谷豫东知道父亲的脾气倔，只好怏怏而退。突然，他想，父亲不让我留城，要我上山下乡，那我就到东山当知青，不就行了吗？

谷豫东把这小小的要求向父亲说了，满以为对东山一往情深的父亲会很乐意接受。谁知谷文昌听了，脸马上沉下来：“你回东山下乡，是什么意思？”

“……”谷豫东又一次回答不上。他知道，要是向他说，东山的熟人多，在那里下乡可以受照顾，那父亲肯定又不同意。

“你不说，我也知道。”谷文昌说，“你要是到东山，人家都

知道你是谷文昌的儿子，都会想办法照顾你，那你就得不到应有的锻炼——你就找咱们龙溪地区内山随便一个地方上山下乡吧。”

谷豫东失望极了，他觉得父亲太绝情了，一点也不懂得疼惜自己的儿子。为此，半个月他没有理睬父亲，也不和父亲说一句话。这年六月，地区革委会副主任的儿子谷豫东，和其他人一样，被组织安排到南靖县偏远的山村朱坑知青点落户。

谷文昌夫妇送小儿子谷豫东上山下乡时的合影

临行前几天，谷豫东好几个晚上躺在床上辗转反侧，睡不着觉。正睁着眼睛叹气的时候，依稀见父亲老弱的身影从他的卧室前消失。谷豫东这才知道，父亲心里也不好受，他也没睡呢。天亮的时候，父亲请来了一位朋友，为他们照了一张合影。谷豫东心绪复杂，耷拉着脸站在父母的身后，谷文昌转过身子，告诉儿子："站有站相，鼓起精神！"父亲话虽这么说，可是儿子到底情绪难调，所以照出来的照片，自然可见是一脸不乐意的样子。

临行的前一天，谷文昌早早收拾了手中的工作，匆匆忙忙赶回家，给自己下乡的儿子准备行装。要是在平日，家中谁出门，行李都是母亲为出门的人准备的。可是这一次，谷文昌坚持要给儿子打点。本是一肚子怨气的谷豫东，见自己的老父亲步履蹒跚地来回拿这提那，感觉到了父爱的深沉。看着看着，眼睛湿润了，鼻子酸了。

谷豫东下乡的那天，正好父亲也要到南靖县出差，就把他一起拉上了车。车到了南靖县林业局门口，谷文昌就叫司机停车，把儿子的行李提了下来。

谷文昌拍拍儿子的肩膀，语重心长地说："豫东，剩下的路，自己走。下乡以后，可别有一种优越感。记住：路，只有自己走，才会越走越宽广！"

儿子早已领略了谷文昌父爱的浓烈和特别，眼里噙着泪花，认真地点了点头。望着父亲两鬓的白发和走进林业局时消瘦的背影，谷豫东禁不住眼泪掉了下来。

……

谷豫东在山区一干就是几年。期间，知青点有多少同学的父母，多少次到子女下乡的地方问寒问暖。可是，就从来没有谷文昌夫妇。谷豫东多想自己的父亲也能像别人的父亲一样，到朱坑来，哪怕是一次，甚至是几分钟，也好。当儿子在信中向父亲提出这个要求以后，谷文昌在给自己儿子的回信中这样回答他："其实我也很想去看看你，可是我去了，人家就知道你是副主任的儿子，以后就会给你提供许多方便。这样，对你的成长不利……”谷豫东看着父亲的字迹，把脸伏在信上哭了好久好久。

后来，一年一度的冬季征兵又开始了。谷豫东萌生希望：父亲是龙溪地区革委会副主任，还兼任征兵办公室主任，通过父亲的关系，让我入伍当兵。这样，冠冕堂皇，又可以离开农村，岂不是名利两全？可是这个念头没有在他的脑中停留太久。因为他马上就否定了这个想法：父亲绝不会为他走这个后门。

谷豫东记起了当年父亲在县林业局门口对他的谆谆教导：“路，只有自己走，才会越走越宽广！”想到这里，谷豫东对自己说：“好，我不依靠你，我走自己的路。自己报名去，一旦条件能行，给你一个惊喜！”

就这样，谷豫东瞒着自己的父亲，到公社报了名，参加了体检、政审、直到最后接到入伍通知书，明确了自己已经成为一名正式的新兵，才告诉自己的父亲。谷文昌听到了自己的儿子带来的这个消息，深陷的眼眶里满是幸福的泪水。激动之余，谷文昌像摸小孩子一样摸着儿子的头，哽咽着连声说：“我的儿子是好样的，我的儿子终于走出了一条自己的路。”看着父亲这么激动，谷豫东深深感到了父爱的温暖；也确确实实感到了自己成熟的自豪……谷豫东没有辜负父亲的期望，在部队入了党。

“伟大母亲”的为民情怀

2015 年，谷文昌的孙女谷宇凤在福建师范大学的论坛上看到一个帖子，一位年轻人寻找当年资助他上学的“史奶奶”。谷宇凤留下联系方式，并告诉发帖人“史奶奶已经去世了”。不久，年轻人打来电话，电话那头，泣不成声。被学生们寻找惦念的“史奶奶”，就是谷文昌的遗孀史英萍。去世前的十几年间，史英萍一直从不多的退休金中“挤出”钱来，资助特困生上学，而自己却为省钱把补身体的牛奶都退掉了。一位贵州省籍的福建师范大学学生在毕业时为她画了一幅肖像画，并题写了“伟大母亲”四个字。在这样一个不平凡的称呼中，蕴含了多么深厚的尊崇、敬爱、感激之情啊！

父亲谷文昌走后，儿女们总能在母亲史英萍身上，找到父亲的影子。史英萍遵循谷文昌遗嘱，在一周内拆了家中的电话，连同谷文昌的手枪、自行车，一并上交公家，“这是老谷交代的，活着因公使用，死后还给国家”。史英萍依然过着清贫的生活，省吃俭用，也不忘常常教育几个子女：“你爸爸是党的好干部，你们不能辱没他的名字，不能做对不起人民的事。”

1996 年 2 月，史英萍在《港台信息报》上看到一篇题为《清苦不减求学志——福建师大几位特困生纪实》的通讯报道后，心里很不平静。文章记述 6 位特困生每餐仅靠 4 角钱的饭、一小碟青菜支撑他们正在生长发育的身体，还要打零工、做家教维持学业，这引起史英萍的极大同情，她立即把自己省吃俭用攒下的 1000 元钱寄给了写这篇报道的记者，请他转给师大的 6 位特困学生。

从此，她每月寄 300 元补贴这些学生的伙食费。为了能从每月有限的离休金中多拿出点钱资助特困学生，史英萍停掉了每天订的牛奶，一日三餐粗茶淡饭。就这样，十多年来她省吃俭用，从不多的离休金中挤出 2 万多元资助了十几名特困生。

曾当过谷文昌通讯员的何坤禄记得，有一次，他去漳州看史

传承好家风，谷文昌爱人史英萍生前在谷文昌先进事迹报告会上接受少先队员的敬礼

英萍，看到她正在写信给学生，何坤禄就问："你干什么呢?"史英萍告诉何坤禄，她自己生活节约一点，省点钱帮助困难学生。何坤禄有点"生气"了，他不客气地对史英萍指出："你缺营养，脸都黄黄的了，还搞这个干什么呢，别把身体搞坏了。"可史英萍不以为然，连说不会不会，自己节约一点，做点好事。

这件事，史英萍一个人默默地做着，直到两年后才被孩子们发现：母亲最爱吃肉包，后来改买馒头，再后来连馒头也舍不得买，自己和面做；母亲爱喝牛奶，先是订一斤，后来订半斤，最后牛奶也不喝了。母亲除了给孙辈们一些零花钱，对家人从没大方过……可母亲还托人捎话要 5 个子女，每人每个月赞助她一些，母亲的钱呢？看到孩子们的不解，她说："你爸爸在世，一定会支持我这样做的。""每当看到这些学生的来信，了解到他们的进步，看到他们的成长，就感到很高兴，很满足，这比吃鱼吃肉还好，这也是一种享受。”

既然孩子们知道了，史英萍干脆也给孩子们派了“任务”，每个月“借点钱”给她资助学生。在谷哲芬的印象中，从母亲资助困难学生开始，几个兄弟姐妹，工资收入也只是勉强够用罢了。但在母亲的带动下，几个兄弟姐妹硬是每个月从牙缝里挤一挤，跟着母亲一道，资助困难学生。

2014 年，97 岁高龄的史英萍老人去世，几个子女在整理遗物时发现，身为一名离休干部，母亲的工资存折里没留下多少钱。而更多的遗物是，厚厚一摞来自全国各地的信件，“谢谢史奶奶，您的汇款我收到了……”过去，子女们只知道母亲在资助贫困学生，可令他们没想到的是，母亲几乎是倾其所有，把仅有的一点工资，全部用在了资助学生上。

史英萍老人的这一善举，感动了社会，去世前，她先后被评为“漳州市优秀共产党员”“感动漳州十大人物”“漳州市道德模范”“福建省感动教育十大杰出人物”“福建省十大公益老人”。

如今，在福建省革命历史纪念馆，珍藏着 20 多件谷文昌书记生前用过的文物资料中，还有一份特别“文物”——12 封家书。这些家书是史英萍多年来一直资助过的贫困家庭学生的来信，信中的开头称呼史英萍“奶奶”“妈妈”……内容是反映他们在史英萍的资助下，努力学习及成长的过程，以感恩之心来抒发他们对史英萍的感激之情！

“谨循父亲的教导，让这良好家风代代相传”

父母相继走后，谷家几个子女继续在平凡的岗位自食其力，没有向组织和各级领导干部提过关于个人的任何要求，更没有打着谷文昌的旗号谋私利。他们说：“父亲没有给我们留下什么物质财富，却留下了一笔宝贵的精神财富，我们一定要遵循父亲的教导，清白持家、简朴本分、为民奉献。”

2014 年，史英萍去世。当年春节前夕，东山县县委按照惯例要到家里慰问，被孩子们婉言谢绝了：“母亲已经去世，作为子女不应该再享受县里慰问的待遇。这样做才能符合父母的意愿。”

说者平静，闻者动容，类似此情，并非首次。

“那年，史英萍老太太在漳州市医院住院，我陪时任市委组织部林文耀部长到医院看望，她两个女儿守护在病榻前。”对于当时的场景，漳州市纪委副书记、监委副主任李铁军仍印象深刻：“两个女儿言辞恳切，一再对我们说，‘母亲早已离休多年，也不是在职的，我们子女也退休了，有我们来照顾就好，况且医院里的条件也很好，领导事务那么繁忙，真的不能劳驾再专程过来慰问。”

同样也是南下干部子弟的李铁军十分感慨，“谷文昌家的子女，你和他们一接触，就会发现这几个子女在待人接物上，就是那个年代老干部教育出来的人，‘那个印记’还在，都很朴实。”

“路，只有自己走，才会越走越宽广。”这是谷文昌留给子女的一句话。经历过人生的沟沟坎坎，谷文昌的这句话意味深长。几十年过去了，谷家后人始终将它记在心头。他们说，“父亲用一言一行教会我们做人的准则，踏实做人、干净干事，不追逐名利，不享受特权，父亲留下的家风，将使我们永远受益。”

父母离去，传承好家风的脚步没有停止。大儿子谷豫闽订下了个家规：每年父母亲的生日，谷家后辈们都要回家聚一聚，几个兄弟姐妹们轮流主持，一起回忆父母亲的教诲。

而每年的清明节，谷豫闽也会带领全家二三十人到东山祭拜父亲并“当着父亲的面”，向这些晚辈们，讲述父亲的事迹，把父亲当初对他们的教诲传给自己的下一辈。

谨遵父母亲的教诲，这么多年来，谷文昌家人从来没有找过东山县县委、县政府帮忙办事，县里曾多次邀请他们全家回东山走走看看，都被他们婉拒了。每年清明节到东山扫墓，他们都是悄悄地来，悄悄地走，从来没有麻烦县里提供方便。在工作上，谷文昌的几个孩子、孙子都是靠自己努力，脚踏实地，坚持“自己的路自己走”，不给组织添麻烦。

在漳州市区芗江新村，有一套普通的居室，屋的主人就是谷哲芬。作为谷文昌的二女儿，与其他几个兄弟姐妹相比，谷哲芬跟父亲谷文昌相处的时间更长，父亲身上的东西，对她的影响也更多些。令人感叹的是，时至今日，这套略显简陋的三居室里，唯一显得有些“奢华”的只是一套摆放在客厅的藤椅，“勤俭朴素”仍是这个家的特质。

“父亲教育我们说，国家的林木资源十分宝贵，尽量不要用木制家具。所以，这几十年来，我们家里一直很少用实木做的家具。”谷哲芬抚摸着接待客人的藤椅，侃侃而谈，“现在这套也是用了快十年了。更早之前用的那套，用到都破了好几个洞了，实在不能用了，才‘依依不舍’地换掉。”

而家里第一次“配备”电视机的情景，谷哲芬特别有印象。谷哲芬回忆，当时家里买回了一台 12 寸的小电视机，母亲视若珍宝，担心孩子们会一不小心碰到电视机的屏幕，还专门制作了一个小木盒，把整个电视机锁起来。直到今天，这套保护电视机的“装备”还被存放在家里，当成教育晚辈的实物教材——“看看，当初你们的爷爷奶奶就是这样的节俭……”如今，谷哲芬也这样要求自己的两个孩子，要学会清廉简朴，她希望父亲这些“嘱咐”能一代代传下去。

遵照父亲的要求，谷哲芬从基层一步步干起，先后在宁化、漳浦等地工作，后来才调到漳州市建设局，最后以一名副科级干部身份退休。“父亲经常教育我们，不要去跟人攀比，要多把精力和心思放在怎么干好自己的工作，怎么多为人民服务上。”谷哲芬坦言，父亲对他们几个兄弟姐妹的影响很深，五个兄弟姐妹参加工作的几十年间，每个人获得的奖状都是一大抽屉，但大家都是抱着一颗平常心，淡泊名利。在自己工作这几十年间，谷哲芬也遇到过几次很好的调整机会，但都没有和组织提过什么要求。因为一想到父母亲那辈这么困难都挺了过来，自己今天能这样该知足了。“父亲没有给我们留下什么物质财富，却留下了一笔宝贵的精神财富，我们一定要谨循父亲的教导，让这良好家风代代相传。”谷哲芬说。

“作为一名普通人，我要时刻将父亲的教诲铭记在心，管好身边人，清白做人、干净做事，守好本分，勤恳工作。”2017 年

5 月 15 日，全国妇联在人民大会堂举行“最美家庭”揭晓暨全国五好文明家庭表彰大会上，谷文昌小儿子谷豫东郑重承诺，掷地有声。

谷豫东是福建省首批“好家风导师”之一，从 2012 年以来，受聘在东山县谷文昌廉政教育基地，负责讲述谷文昌家风故事。为了把谷文昌家风课讲生动，让听课的学员学有所获。每次去上课前，谷豫东都会仔细备课，根据听课对象的特点相应调整授课内容。

在课堂中，谷豫东还不时遇到学员们的“追问”。

2016 年，汕头市委组织了一批共青团干部来听课。互动交流时，有的学员“追问”谷老师：“谷文昌对您几个兄弟姐妹要求这么严格，难道他不关心你们吗?”谷豫东告诉学员，谷文昌不是不关心自己的亲人，而是在他心中还有比亲情更重要的东西，那就是党性原则。在亲情与原则的天平上，谷文昌总是选择后者，这就是谷文昌好家风的可贵之处。在场的学员们听了答案，一阵的感叹唏嘘。

和丈夫谷豫东登上讲台有点类似，母亲去世后，妻子杨小云接过了母亲的爱心接力棒，担任过教师的她，退休后加入了芗城区关工委并担任报告团团长，常年下乡参加宣讲，将余热奉献给青少年教育事业。

谷豫东的女儿谷宇凤，则是循着爷爷当年的路径，下到基层一线，一“沉”就是 7 年。2005 年，谷宇凤大学毕业，被选调到芗城区石亭镇当一名公务员。上班第一天，台风来袭，谷宇凤负责通知各村防台风事宜，电话那头传来村民们急切的闽南话，不怎么会讲闽南话的谷宇凤，握着话筒手足无措。上班第一年，谷宇凤骑着摩托车到乡镇企业办公事，乡间沙土路又滑又陡，她狠狠地摔了一跤，额头缝了30多针。照着镜子，爱漂亮的谷宇凤哭了。

基层事务繁杂，刚走出校园的谷宇凤又不谙世事，工作中总会碰到不少困惑和委屈。倔强的她不向父母说，总会跑到奶奶史英萍那儿倾诉。虽然女儿不说，但作为父亲的谷豫东知道女儿不容易。看着女儿受苦受累，身为母亲的杨小云也一阵的心疼。这时，有人劝谷豫东夫妇想法子把女儿调回身边，“你是谷文昌的儿子，宇凤是谷文昌的孙女，这事应该不难办。”“是啊，我是谷文昌的儿子。”成为一名父亲之后，谷豫东才明白了父亲当年的良苦用心，谷豫东的脑海里又一次浮现起下乡前的那一幕，耳边又一次响起父亲病榻上的嘱咐。他遇到了和当年父亲一样的“命题”，但答案也是相同的。谷豫东夫妻把谷宇凤叫到身边，嘱咐她要照顾好自己：“既然选择了这条道路，就没什么好抱怨的。要像你爷爷一样，不管如何，都要把做好工作当成第一大事。”

“无论职位高低，无论岗位在哪里，练好本领、干好工作，永远是一个人安身立命的基础。”谷宇凤听进去了，转身又扑到了工作上，安心下来，一步一个脚印，在基层一干就是7年，并把在乡镇的日子，视为人生中最宝贵的财富。因为工作成绩优异，还被授予漳州市优秀共青团员等多项荣誉称号。直到2012年，谷宇凤调入了市区，担任新桥街道办事处的领导干部。

女儿日渐成熟长大，作为父亲的谷豫东，也看在眼里，喜在心头。此前，曾有领导考虑到她是谷文昌的孙女，关切地询问道：“小谷，在农村基层工作，特别辛苦吧？”“不会，不会，我‘水土很服’啦。”女儿干脆利落的回答，让谷豫东特别开心：

谷文昌的家风，在女儿这一辈没有断档。

如今的谷宇风，工作上是芗城区新桥办事处的一名领导干部，生活上是孩子的母亲，可无论是工作还是生活中，谷宇风总是把爷爷当作精神支柱，把爷爷当作人生目标。她说："爷爷是我的榜样，也是我的老师。"平时，她经常翻出有关爷爷的各种报道，体会爷爷那代人怎样工作，反思自己还有哪些做得不够。在她看来，爷爷之所以到今天仍被纪念、学习，受到敬仰、爱戴，就是因为他把一生奉献给了他的理想、信念和事业。"不论岗位在哪里，不管职务是什么，奉尽人生、忠于信仰，这就是纪念爷爷的最好方式。"谷宇风说，这样的人生才有意义。

延续的还有对后辈的"取名"。谷家人把对后辈的期许，寄托在名字中。谷宇风有了孩子，谷豫东帮外孙取名"谷弘"，寓意这个小外孙要不忘弘扬谷家的好家风、好传统。

岁月流转、时代变迁，但不变的是传承。

时至今日，"清白持家、简朴本分、为民奉献"仍是谷文昌家风中的"铁律"。

年轻的谷家一辈，除了不时地聚会交流，还用更为流行的方式，利用微信建立"谷家群"，时常在上面互相分享关于谷爷爷史奶奶的故事，时刻牢记，"无论走到哪里，都不要忘了你们是谷文昌的孩子"……

结 束 语

2016年12月12日，习近平总书记在接见首届全国文明家庭代表时强调：“各级领导干部特别是高级干部要继承和弘扬中华优秀传统文化，继承和弘扬革命前辈的红色家风，向焦裕禄、谷文昌、杨善洲等同志学习，做家风建设的表率，把修身、齐家落到实处。”

2015年10月，中共中央印发《中国共产党廉洁自律准则》（以下简称《准则》），首次将“廉洁齐家，自觉带头树立良好家风”列为党员领导干部廉洁自律要求的重要内容之一。对照《准则》，不难发现，当年谷文昌就是这样做的，他创就的“清白持家、简朴本分、为民奉献”清廉家风，犹如一面镜子，值得党员干部对照自省。

家风纯正，雨润万物；家风一破，污秽尽来。现实生活中，一些领导干部之所以贪污腐化，与其家规不严、家风不正有很大关系。从大量揭露出来的违纪违法案件看，很多腐败之祸的起因，“不在颛臾，而在萧墙之内也”，家风败坏已成为领导干部走向违法犯罪的重要原因。普通家庭家风不正、管教不严，子女很容易招惹祸端；而领导干部家庭如果家风崩毁，则不仅祸害家族，而且还直接损害党和政府的形象。“国计已推肝胆许，家财不为子孙谋”“人遗子孙以财，我遗子孙以清白”，每一个为官者都应对照谷文昌这面镜子仔细照一照，自觉处理好党性与亲情、家风与作风的关系，从自己做起，树立正确的世界观、人生观、价值观，把这些优良传统继承好、发扬好，自觉树立清廉好家风，在新时代，焕发新气象，展现新作为。

附录一　身边人眼中的谷文昌

他用忠诚履行了入党的誓言

讲述人：黄石麟*

1987 年 7 月 15 日，东山县根据谷文昌同志生前遗愿，把他的骨灰运回东山，安葬在他当年亲手建立的赤山林场。安葬骨灰那天，整个林场人山人海，各界群众提着供品，烧香祭拜老书记，寄托对老书记的思念，场面十分感人。

当时我见到一个老阿婆，带着儿孙，来到谷文昌坟墓前跪拜，一打听原来她是山口村人，名字叫何赛玉，我问她："阿婆啊，您腿脚不好，孩子来了就行了，您怎么也要自己来?"她说："同志啊，你不知道，谷书记是我们的大恩人啊，没有他带领我们种树，我们山口早就被风沙埋掉，哪有现在的幸福生活?我 7 岁就跟家人到外面去当乞丐，我们家几代人都死在讨饭的路上，我们没有祖墓，谷文昌就是我们的祖宗，谷文昌的坟墓就是我们的祖坟。"当年被抓兵到台湾或因生活受迫，出洋讨生活的东山籍侨台胞回乡探亲，目睹家乡的变化，也纷纷来到谷文昌坟前祭拜，他们说："共产党真了不起，把东山这么个穷地方的天地都改变了。丰功伟绩，足以雄视百代。"

---

* 黄石麟，1956 年 7 月生，东山县谷文昌精神研究会会长，退休前为东山县委宣传部副部长。

看到眼前这一幕幕感人场面，听到一句句发自内心的肺腑之言，我的内心受到强烈的震撼，作为一名长期从事基层宣传工作的土生土长的东山人，我有责任去追寻谷文昌的足迹，寻觅一名共产党人的精神世界，把他的感人事迹挖掘出来、宣传出去，让我们党的光荣传统、谷文昌精神一代代地传承下去，使之成为建设现代化强国的巨大精神动力。

几十年来，我已记不得多少次到河南林县、福建宁化、东山查阅历史档案，也记不得采访过多少谷文昌的同事、身边的工作人员，当年跟随谷文昌植树造林的干部和村民、谷文昌的亲属……每当谈起谷文昌，他们仿佛又回到几十年前与谷文昌相处的日子，回忆起往事依然是那么清晰：林县的同事说起，当年组织上动员干部南下时，一些同志不愿远离家乡，谷文昌却坚定地说：“关键时刻，共产党员应当听党指挥！”解放初期的东山，风沙肆虐，粮食缺收，老百姓吃不饱饭，不得已外出乞讨，谷文昌说：“不救民于苦难，要我们这些共产党人来这里干啥！”，他带领东山人通过十几年的努力，制服了“神仙都难治”的风沙灾害，使“荒岛”变绿岛。即使是“文革”中被下放劳动，他也从未忘记自己的党员身份，对一起被下放的干部，他说：“我是经过沟沟坎坎的人，但我始终相信共产党。你还年轻，要努力工作，主动向党组织靠拢，争取进步。任何时候都要相信共产党。”

通过这些采访对象的讲述，我感受最深的就是谷文昌对党的绝对忠诚，对人民的无限热爱。这是一种信仰的力量、忠诚的力量、人格的力量，永远值得我们全体党员干部学习。

他认定的事情一定要做到底

讲述人：宋秋涓*

谷文昌认定的事情，就一直狠抓不放，不管遇到什么困难阻力，他都坚持去克服，坚持到底，直到成功。谷文昌不仅是嘴上这样说，行动上也是这样。

认定改变东山面貌的出路就是植树造林，谷文昌就横下心，坚决干，义无反顾。在谷文昌坚决干的推动下，全县军民大规模开展植树造林，到1962年基本就成片成林，东山植树造林终于成功了。

记得开始试验那时，谷文昌每次到省市开会一回来，首要一事就是去陈城公社白埕大队和湖塘大队看苗圃，看小树木长得怎么样了，有问题没有？有问题会就地和林业队商量要怎么管理，怎么解决。谷文昌下乡骑自行车居多。可谷文昌车技不好，骑得慢，再加上时常遇到大风，这段路程对他来说也有几分的艰辛。但这“挡”不了谷文昌看苗圃心切。后来苗圃实验成功后，开始大规模种植了，他还是一样，一开会回来，马上要下乡去看林子。

---

* 宋秋涓，1936年生，退休前为漳州市纪委副书记、市委副巡视员。谷文昌任书记时的县委办公室副主任。1960年1月至1964年2月在谷文昌身边工作。这期间，宋秋涓还兼任县委报道组组长，1964年参与采写长篇通讯《沙滩变绿洲》，介绍了当时东山干部群众百折不挠的植树造林情景。

造林难护林也不容易，旧的问题解决了，新的问题又出现了：由于全县燃料问题的紧张，部分思想觉悟不高的群众，面对一望无际的森林，以为拿点枝丫回家烧火无碍大局，因此损害林木的现象时有发生。有一次，他发现到南埔大队树木被折断（可能是被砍去当柴火），又气又痛心。

为避免出现损坏林木的事情发生，在谷文昌的大力推动下，东山县委先后颁发《关于发展林业生产政策的处理意见》和《关于造林护林和处理林业政策的初步意见》，对如何正确处理山林所有权问题，经营管理与分配问题，林业专业队报酬形式问题，从政策上加强对林业生产的管理。谷文昌还大力推动全县各个农业大队都要成立林业专业队，专职负责育苗，为群众性造林提供苗木；负责日常巡逻，呵护林木生长。专业队对林木管理修剪下来的枝丫，按人口分配给农户，解决群众的烧柴问题。巡逻时一旦发现有人毁坏林木，按规定及时作了纠正处理。成立林业专业队，这在当时可以说是林业管理体制一个创新。正因为有了这个创新，从根本上解决了造林与护林的矛盾统一。全县当时林业专业队员有上千人，日日夜夜看护管理林木，使全县没有发生乱砍树木现象，使东山林业长期得以持续、稳定、健康发展，从而根本性改变了东山自然生态环境，为今日东山经济社会实现历史性跨越奠定了良好基础。可见，当年谷文昌及县委一班人决定成立林业专业队的决策，既有现实需要，又具有长远的眼光。

对于省里技术员提醒木麻黄只有 40 年寿命、需要套种其他品种解除病虫害等问题，谷文昌非常重视，马上交代林业部门落实。

他非常得民心

讲述人：林周发*

谷文昌在群众中口碑很好，非常得民心，我觉得起码有两个原因：一个就是他不分上下，没有区别对待。不论你是贫穷的农民，机关的小科员，还是上级来的大领导，谷文昌都一样热情欢迎。还有一个就是他平易近人，没有架子。作为县委书记，谷文昌一天要下乡、开会、部署工作等，事情很多。但只要一有空，对于群众的来访，他都热情接待。哪怕都已在午休了，接到报告说群众过来找，马上起床出来接待。我在当办公室主任期间，经常看到群众过来，不少是中午时间过来。有时群众还没吃饭，他就先带着群众一起到他家里吃饭，边吃边说。

谷文昌教育我们这些身边干部：群众找上门来，是想让我们解决问题，我们刚好可以借机向他们宣传我们党的政策，通过他们的口，把我们党的政策宣传给其他群众，这不是很好嘛？所以，群众来找我们，不管在什么情况下，都要热情接待。

---

* 林周发，1933 年生，是 1950 年随军进驻东山的首批干部。退休前为漳州市政协秘书长。1958 年 3 月至 1964 年年初任县委秘书兼县委办主任，谷文昌很多重要材料，他大多都有参与。

要与人民群众同心同德，同甘共苦

讲述人：王治国*

谷文昌很重视干部教育，经常教育大家要处理好军民关系、干群关系等。有时在开会时，他会专门就这个问题说上几句。我记得在一次党员干部大会上，他对100多名党员干部讲，为官从政只要无意功名利禄，不肯屈节随俗，就不会为职务升迁劳心费神。但官总是要有人做的，问题是不能为做官而做官，或只想做官不想做事，而要做到做官不谋官，谋怎么样心系群众。

还记得谷文昌曾强调："每一个南下干部不要自恃有参加革命早、打过日本、打过老蒋之功劳，而地方干部也不要分你是南下干部，我是'地下'干部，无论是南下干部，还是'地下'干部，都是党和毛主席教导出来的人民勤务员。因此，在使用你们手中的权力时，要牢记那是人民赋予你们的权力，切不可养成官僚主义、形式主义的衙门作风；不要淡薄为人民服务的思想，不要漠视群众的疾苦，不要言非民声、行非民望，而要与人民群众同心同德，同甘共苦。"

还有一次会议，具体时间不记得了，谷文昌说："战争年代，我们离不开人民群众的支持，今天我们搞社会主义建设，也离不开

---

* 王治国，1928年出生，2018年7月逝世。退休前为漳州市人大常委会常委、政法委员会主任。解放战争期间从林县和谷文昌一道南下东山，先后在东山担任城关区委第一书记，东山县委常委、海防部部长，东山县县长等职。

人民群众的支持。比如，在治理风、沙、旱、涝四大灾害的艰苦斗争中，没有人民群众的大力支持，我们是什么事情也干不成的!”

四、領導作風問題。在全民欢呼大躍進大勝利这一新形势下，也産生了一些新問題。那就是在我們一部分的干部中，他們只看到巨大的成績一面，看不到缺点的另一面，或卽使看到了也姑且諱言不說，处之泰然。他們象風筝、氫气球一样，随風飄盪，有点飄飄然起来。另一方面，也有少数人則只看到缺点的一面，并“以一徧概全”否定了巨大的成績。据此，急需我們及时地教育全体干部，对于工作中的成績和缺点，做得对或者不对，我們必須，也只能是实事求是地，老老实实地，是就是，非就非，好就好，坏就坏，多就多，少就少，該怎样就怎样，嚴肅謹慎地对待。在大勝利大收獲中稍稍冷靜一点來檢点我們工作中不足之处，只有这样，才能更大更好更全面的躍進，才能既是轟轟烈烈，又是踏踏实实。

总之，今年要挑的担子更重，要作的工作更多，更艰巨。但是58年給59年大决战打好了極其有利的基礎，只要我們敢于設想和脚踏实地地去做好一切工作，那么实現1959年的躍進指标可以預言是不成問題的。

以上發言，不妥之处請代表指正。

中共福建省第一屆代表大会第三次会議秘書处 1959年1月6日印發

— 3 —

1959 年，谷文昌在中共福建省第一届代表大会第三次会议上的发言稿

他一根烟都不碰

讲述人：林　嘉*

就谷文昌的廉洁自律，我说两件小事：当时县商业科每个月供应两条“大前门”香烟用于接待。每次有客人来，我都会拿一包出来请客人。有一次客人离开了，桌上还剩有半包烟，我就拿到他的办公室，说：这些剩下的，您拿去抽吧！他瞪了我一眼，说：“不行，我自己有。”他的烟瘾不小，可是对于这些接待烟，私底下他一根都不会碰，抽自己买的低档烟，有时是抽土烟。他还多次郑重交代我：“你是办公室主任，要记住，这些公家的东西要保管好。”

还有一件事：1964 年年初，谷文昌已接到调任省林业厅的通知。离开前，谷文昌跑来和我商量：那些破被子和衣服要怎么打包？

当时我是县工交部副部长，管木工厂，就给谷文昌出了主意：杂物好办，拿几个大麻袋来装，至于衣服，可以请木工厂找一些木头下脚料，做两个木箱。谷文昌同意了。很快，两个木箱做好了，我送到他家里。他马上问我：“多少钱，先算好！要不东西我不能要。”我也知道他的脾气，没辙，就按照当时的价格，一个木箱计价 8 元钱，两个收了他 16 元。对于公家的东西，他很警觉，就是很小的东西都不会去碰。

---

* 林嘉，1931 年生，退休前为漳州轻工业公司党总支书记。1950 年随军第一批进驻东山的干部，在东山工作 15 年。谷文昌任县长时的秘书、县政府办公室主任。

回忆我的父亲谷文昌

讲述人：谷豫闽*

从懂事开始，别人就告诉我，父亲是领导。但在我的眼中，他始终是以一个劳动者的面貌出现。

1950年，父亲担任中国人民解放军长江支队第五大队第三中队党小组长时按照上级的命令接管了福建东山县。来到东山后，他特意找人打造了一套农具，有锄头、有镰刀。每次下乡，他都带着那套农具，下到田里与农民一起干活，对农民嘘寒问暖。同时他还对身边的秘书、勤务员交代，说跟他下乡，可不能只站在边上看着，得跟大家一起劳动。在他看来，只有一边干活，一边和群众聊天、谈工作，才能听到群众真正的心声，才是真正深入群众。

他不仅严格要求自己，也这样要求我们。自我初中开始，每年寒暑假父亲就把我们兄弟姐妹几人带到农村，下地干活。刚开始，我也不乐意，冲他抱怨："我们又不是农民不用赚工分，为什么不把时间用来读书、休息?"他严肃地对我说："你吃的东西都是农民辛勤的付出，来之不易，你得去参加劳动，才会懂得珍惜。"

20世纪60年代初是新中国特别艰难的时期，我家兄弟姐妹

* 谷豫闽，谷文昌长子，厦门检验检疫局退休干部。

共5个，再加上还有外祖母、舅舅等亲戚需要接济，生活相当困难。那会儿我正是十四五岁长身体的时候，可早晨吃的总是米汤配地瓜、咸菜，每到中午放学，连走回家的力气都没有了。冬天到了，我们没袜子、衣服穿，就跑去捡别人不要的袜子和衣服，再由母亲翻新后接着穿。我穿小了，再传给弟弟妹妹们。子女如此，当书记的父亲也如此。他唯一的大衣就是从旧衣摊里“淘”的，洗得干干净净的，很是喜欢。但平时他舍不得穿，只是在开会或有重大活动时才穿，之后像宝贝一样收着。

1964年，父亲被调往福建省林业厅任职，上任时，他带着两罐自制的腌菜。大家都在开他玩笑，他却笑道：“自己做的，吃惯了，不吃不行。”我上大学那一段时间，家里养了兔子、鸡，但家人却很少吃，大多让父亲拿去卖了，把换来的钱支援有困难的群众。在他生病的时候，唯一的补品就是鸡蛋。

1969年冬，父亲被“下放”到宁化县。考虑到父亲身体不好，为了能好好照顾他，1970年，我大学毕业时主动要求分配到宁化县与父亲一起工作。当我将这一想法告诉父亲时，得到的竟是父亲严厉的批评：“你不要和我在一起，你们年轻人要到最艰苦的地方去!”就这样，在父亲的“干预”和鼓励下，我被安排到闽赣两省四县九乡交界的安远乡，到安远后，又被派到离乡政府十几里远、海拔很高的山村当小学教师。那里条件艰苦，但有父亲做榜样，我很快就和当地的群众打成一片，用所学的知识帮助他们种起了双季稻，最终，我在宁化一共待了9年。

1972年，父亲调到龙溪地区工作，我还留在宁化。当时父母两人身体都不好，而我的小儿子由于先天性心脏病也时常住院，我试着向父亲求情："让我们调回龙溪地区照顾二老吧?"可父亲不同意我的请求："你们在那边就好，我们有组织照应。"

对家里人来说，父亲就是这样一个不近人情的"老顽固"。

附录二

谷文昌同志简介

谷文昌（1915—1981 年），原名谷程栓，河南省林州市（原林县）郭家庄人，1944 年加入中国共产党，历任林县区长、区委书记，中共东山县县委组织部部长、县长、县委书记，福建省林业厅副厅长，龙溪地区林业局长，龙溪地区农办主任，龙溪地区革委会副主任，龙溪行政公署副专员等职。1981 年 1 月 30 日在漳州病逝，享年 66 岁。

谷文昌于 1950 年 5 月 12 日随军解放东山岛。在东山，谷文昌一干就是 14 年。14 年间，他和县委一班人带领全县军民，植树造林，硬是制服了“神仙都难治”的风沙；围海造盐田、耕海牧渔，使财政收入大幅增加；修公路、建海堤，圆了群众“天堑变通途，海岛变半岛”的梦想；大办水利，解决了农田灌溉和人畜用水问题……东山岛化茧成蝶，荒岛变成了宝岛。

前人栽树，福荫后人。谷文昌把自己的生命注入生生不息的绿树，融入为民爱党的伟大事业，在党和人民群众中获得了永生。习近平总书记多次为谷文昌“点赞”，东山当地“先祭谷公，后祭祖宗”相沿成俗。2009 年 9 月，谷文昌被评为“100 位新中国成立以来感动中国人物”。

附录三

谷文昌生平年表

1915 年（民国四年，农历乙卯年、兔年）10 月 15 日，生于河南省林县石板岩乡（原西乡坪区）郭家庄村南湾自然村的一户贫农家庭。

1923 年 1 月，在家乡上私塾，八月因地主逼债而辍学。

1923 年 8 月—1929 年 7 月，因抵债被送地主家放牛。

1929 年 8 月—1932 年 7 月，在家乡种田。

1932 年 8 月—1935 年 12 月，随乡人到山西学石匠。

1935 年 12 月，回家乡当石匠。

1943 年 6 月—1944 年 10 月，任郭家庄村农会主席。

1943 年冬，参加党组织举办的冬学（民校）。

1944 年 3 月，加入中国共产党，是林北县早期共产党员之一。

1944 年 10 月，调任中共林北县第七区区公所农会干事，兼任郭家庄村农会主席。

1944 年 12 月，任第七区副区长。

1945 年 3 月，任抗日民主政府林北县第七区区长。

1946 年 6 月，林北县和第七区与姚村区合并，称第十区，任第十区区长。

1948 年 7 月，调任林县第二区（含涧区）区长。

1948 年 8 月，调任任村区区委书记（当时称区政委）。

1949 年 1 月，报名南下，被编入第三批南下干部长江支队第五大队三中队第五小队，在河北省武安县集训。

1949 年 2 月，任长江支队第五大队三中队党小组组长，开始从武安县出发南下过黄河、长江直抵苏杭。

1949 年 8 月，进入福建。

1950 年 5 月 12 日，参加解放东山岛。

1950 年 5 月—1951 年 11 月，任东山县城关区区委书记。

1950 年 11 月—1952 年 10 月，任东山县县委组织部部长。

1951 年 9 月—1952 年 8 月，任东山县县工委 5 人小组成员。

1952 年 12 月—1955 年 11 月，任东山县县长。

1955 年 4 月—1964 年 3 月，任东山县县委书记。

1964 年 4 月，调任福建省林业厅副厅长。

1969 年冬，被下放到宁化县禾口公社红旗大队。

1970 年 9 月，任宁化县隆陂水库总指挥。

1972 年 3 月，调回漳州，任龙溪地区林业局局长、龙溪地区农办主任。

1978 年 3 月，任龙溪地区副专员。

1981 年 1 月，因病在漳州逝世，享年 66 岁。

后　记

经福建省纪委监委、漳州市纪委监委历时半年多的辛苦努力，《榜样之光——一座不朽的丰碑谷文昌》付梓了。

福建是谷文昌精神的发祥地。为弘扬谷文昌精神，将这一宝贵的精神财富继承好、发扬好、运用好，福建省纪委监委、漳州市纪委监委立足纪检监察宣传的特点和需要，结合学习习近平新时代中国特色社会主义思想和党的十九大报告，组织力量对谷文昌同志事迹资料进行充实梳理，于今年年初启动该书编写工作。

在该书编写过程中，我们有幸得到了社会各界的关心支持。离退休老干部王治国、宋秋涓、林周发、林嘉、林泽传等，专门抽出时间接受采访；中央党校特约研究员、中国作家协会会员吴玉辉，漳州市委党校教授王崇文，漳州市委党史研究室副主任曾一石倾情指导；漳州市档案局、东山县档案局干部认真细致帮助查阅历史资料；谷文昌廉政文化教育中心、东山县谷文昌纪念馆、东山县谷文昌精神研究会大力协助并无私提供多年收集的珍贵图文资料；作家朱亚圣、苏水梅友情协助，撰写部分初稿。在此，我们一并表示感谢。

编写过程中，我们本着严谨认真的态度，对史实资料再三核对确认，希望尽力做到史料准确，表述恰当。但由于谷文昌精神内容丰富，故事素材众多，不少见证者已相继过世，部分史料缺失、难以考证，再加上时间仓促、编写人员水平所限，不妥之处在所难免，恳请读者朋友批评指正。

编 者

2018 年 10 月